Mario Ferrari

Vacaciones en Siberia

EJERCICIOS ELABORADOS POR
Marta Lacorte

ARCO/LIBROS, S.L.

Serie LECTURAS GRADUADAS
Dirección: FRANCISCO MORENO

Las «Lecturas graduadas» de Arco/Libros son un material de apoyo para la enseñanza y el aprendizaje de español. La colección intenta conjugar la literatura y el entretenimiento con la didáctica de la lengua.

Los textos se han concebido con cuatro niveles de dificultad, según el grado de riqueza léxica y el nivel de complejidad sintáctica y discursiva de cada uno de ellos, de acuerdo con las siguientes pautas:

- Nivel inicial: hasta 800 palabras; gramática básica.

- Nivel intermedio: hasta 1.200 palabras; complejidad gramatical media.

- Nivel avanzado: hasta 1.600 palabras; complejidad gramatical avanzada.

- Nivel superior: hasta 2.000 palabras; gramática superior.

Las lecturas van acompañadas de ejercicios destinados a:
- comprobar el nivel de comprensión del texto;
- practicar aspectos diversos de la lengua, según el nivel del lector (cuestiones gramaticales, cuestiones léxicas, cuestiones discursivas);
- ejecutar, principalmente, la comprensión lectora y la expresión escrita

Cubierta: Kristof Boron.

Ilustración: Iglesia de San Basilio, Moscú.

© 2000 by ARCO/LIBROS, S. L.
Juan Bautista de Toledo, 28. 28002 Madrid.
ISBN: 84-7635-429-0
Depósito Legal: M-27.221-2000
Printing Book (Madrid).

*Para las tres: Ani,
la Capitana y la Grumete.*

1. *La llegada*

El avión hizo un giro amplio hacia la izquierda y luego otro hacia la derecha. Nos permitió ver por las ventanillas un paisaje uniforme en su extensión y variado por su geometría. Sobre el verde hiriente de los árboles se superponía una telaraña azul de ríos y arroyos, cauces mínimos y lagos, dividiendo la tierra en islas desparejas[1].

Así es el sur de Siberia en verano. Dicen que la primavera no es larga, que el pasto crece y los árboles echan hojas rápidamente en cuanto llegan los primeros calores, después del invierno largo y helado. El otoño casi no existe. Los pinos, los cedros y los álamos no parecen haber pasado por esa época que desviste y seca. El bosque, entonces, se queda dormido igual que los osos para hibernar, y se despierta con un desperezo brutal, gritando su presencia magnífica y mostrando toda su potencia vegetal. El agua lo alimenta a raudales y se llena de pájaros, ardillas e insectos, que vivirán aceleradamente los escasos meses calientes.

Nos acomodamos nuevamente en los asientos sin hacer comentarios, apabullados[2] por la vista del lugar

---

[1] **despareja:** desigual. [2] **apabullado:** abrumado, insignificante comparado con la magnitud del paisaje.

donde íbamos a vivir casi dos meses. Lo que habíamos percibido allá abajo no se parecía en nada a los bosques cercanos de nuestras ciudades natales. Quizás Marianne, la canadiense, hubiera conocido algo semejante en su país. Quizás Walter, el brasileño, hubiera conocido la selva. Yo no, porque la Argentina no tiene nada comparable. Ni Makiko, la japonesa.

La mayoría de nosotros, estudiantes extranjeros de lengua rusa, proveníamos de cómodas ciudades capitales. A lo sumo habíamos tomado vacaciones en campings ubicados en modestos bosquecitos.

Nuestro viaje tenía un propósito principal: convivir un tiempo con jóvenes de habla rusa para acostumbrarnos a las distintas pronunciaciones y modismos del idioma. Y uno secundario: ganar un poco de dinero. No veníamos como turistas sino a trabajar.

–Qué nos importa la naturaleza, qué nos importa el idioma. Ya sabemos ruso, lo que estamos haciendo es un posgrado –dijo Omar, el árabe sarcástico, cuando el avión enfilaba[3] hacia la pista de aterrizaje.

Alguien preguntó:

–¿Qué es lo que importa, Omar?

–El dinero –contestó.

No hubo tiempo para réplica. El avión golpeó con las ruedas y comenzó una frenada intensa. La pista era demasiado corta para una nave de sus dimensiones. Debíamos haber volado desde Moscú hasta Novosibirsk en un vuelo de línea, y luego transbordar a uno más pequeño para llegar a Irkutsk. Las condiciones meteorológicas no permitieron el aterrizaje en la primera ciudad, por lo que seguimos en el mismo avión hasta nuestro destino final.

---

[3] **enfilar:** dirigirse, ir derechamente.

Cuando bajamos ya nos estaban esperando los ómnibus que nos llevarían al lugar de trabajo. Todo lo que hicimos fue cargar nuestras mochilas, caminar doscientos metros y depositarlas en el transporte. Perdimos algo de tiempo en el hall del aeropuerto revoloteando por las tiendas y esperando a los estudiantes rusos que llegarían de zonas cercanas. En realidad eran uzbekos, tártaros, georgianos, chukchis, y otros que no recuerdo, cada uno con su idioma materno y el ruso como segunda lengua.

Subimos al ómnibus y un desconocido se sentó a mi lado.

Le pregunté:

−¿Sabes adónde vamos?

−A la selva −contestó sin mirarme.

−¿Qué vamos a hacer?

−Muñecos de madera.

Yo estaba tratando de ser amable y el tipo me contestaba tonterías.

−Pensé que íbamos a la Taigá a construir un lugar de vacaciones para escolares y jubilados −dije exagerando mi acento.

−Uh, qué inteligente −dijo.

−Sí. Algunos extranjeros somos muy inteligentes −contesté molesto.

Durante unos segundos se quedó callado. Después sonrió y me estiró la mano.

−Serguéi −dijo.

−Víctor −dije.

Nos dimos un apretón. Casi me rompe los dedos, pero yo aguanté sin mostrar dolor.

−Víctor es un nombre ruso −dijo.

−Serguéi es Sergio, o sea un nombre hispano −contesté.

Nos reímos.

Los ómnibus arrancaron y en pocos minutos salieron del aeropuerto. Bordearon la ciudad y se dirigieron al norte por una ruta angosta[4] flanqueada por bosques.

Tres horas más tarde los conductores detuvieron los transportes.

Uno de ellos gritó:

—¡Los chicos a la izquierda y las chicas a la derecha!

Era la ubicación de los baños. Que en realidad no eran tales, simplemente cada cual se internaba en el bosque y hacía sus necesidades.

Fue mi primer encuentro con los mosquitos siberianos. Me picaron en los brazos y en algunas partes íntimas que prefiero no describir.

2. *El campamento*

El lugar, cercano a un pueblo llamado Ust-Ilímsk, era crudamente hermoso.

Se había aprovechado un claro natural entre árboles altísimos y se había ampliado talando una buena cantidad —se veían tocones[5] por todas partes— consiguiendo una superficie despejada de extensión razonable. Se construirían una docena de cabañas-dormitorio y un edificio central que contendría la cocina, el comedor, salas de entretenimientos y cine. Todo se haría con madera, parte de la cual provendría de los propios árboles cortados en el lugar. Varias carpas de campaña del estilo militar serían nuestra vivienda temporaria. Altas, amplias y sólidas, resistirían

---

[4] **angosta:** estrecha.   [5] **tocón:** parte del tronco de un árbol que queda junto a la raíz al cortarlo.

cualquier lluvia o viento. Teníamos catres, sábanas y frazadas. Dos construcciones precarias servirían de baño: uno para mujeres y otro para hombres. Una tercera, de mejor calidad, sería la cocina y el comedor.

Nos dieron dos tipos de ropa: una de trabajo y otra de «etiqueta». La primera no valía mucho la pena, simplemente era tosca, amplia, e incluía unos zapatones de trabajo bastante pesados. Estaba prohibido trabajar en zapatillas por el peligro de lastimarse. Allí cualquier objeto era peligroso, comenzando por las vigas y terminando en las herramientas: agujereadoras y sierras eléctricas, picos, palas y hachas.

La ropa de etiqueta era la que usábamos al atardecer después de la jornada de trabajo. Se parecía al uniforme de soldado, consistente en pantalón y camisa de tallas y confección razonables. Mi preferido era el cinturón, ancho, cómodo, y con una tremenda hebilla de metal brillante.

En cuanto nos instalamos comenté mi entusiasmo por trabajar con madera.

—No tanta alegría, antes de jugar con madera hay que cavar zanjas[6] —me enfrió Omar.

—¿Qué?

—Zanjas. Primero hay que cavar para hacer los cimientos —aclaró Sima, el ruso que venía de Moscú. Pertenecía a mi brigada de trabajo y compartía la carpa con los extranjeros.

—Entonces cavaremos —me resigné.

Y cavamos. Yo sabía trabajar con pala, de hecho muchas veces la había usado en la chacra[7] de mi tío, pero no sabía qué significaba cavar en Siberia. Los

---

[6] **zanja**: excavación larga y estrecha para colocar los cimientos.   [7] **chacra**: granja.

dos primeros centímetros son de tierra común, oscura y blanda. Luego se convierte en algo parecido a arcilla rocosa. Pasando el medio metro la tierra, la arcilla, o lo que sea, es hielo puro. Esa substancia nunca se entera de que existen la primavera, el verano y el otoño. Para ella todo el año es invierno.

Había que darle con el pico de la manera en que trabajaban antes los mineros. Después de mucho esfuerzo se lograba descascarar un poco la superficie. Sólo entonces se usaba la pala para sacar los terrones[8] congelados. A pesar de los guantes que nos dieron nos salieron ampollas[9] en las manos.

Para nuestro alivio, el sufrimiento duró sólo una semana. Después comenzamos con la madera. Transportábamos vigas inmensas –había que hacerlo entre tres como mínimo–, las cortábamos a medida, les hacíamos huecos para los encastres[10] y las agujereábamos para poder calzarles las estacas que unirían unas con otras.

Y veíamos cómo, lentamente, las paredes crecían.

Las chicas hacían trabajo más liviano. Preparaban las estacas, calafateaban[11] con estopa[12] las juntas entre las vigas, pintaban con aceite protector, dirigían el tránsito de camiones, y cocinaban.

Pero lo mejor de aquello no era la madera y su aroma, ni el bosque denso, ni los riachos donde nos bañábamos por diversión, ni las reuniones cada noche alrededor de la hoguera, ni tampoco las canciones que cantábamos. Lo mejor era todo eso combinado con nuestra juventud, con que ya éramos adultos pero todavía adolescentes, con que tenía-

---

[8] **terrón:** masa compacta de tierra. [9] **ampolla:** levantamiento de la piel por una quemadura o roce continuado. [10] **encastre:** hueco o agujero para hacer empalmes dentados. [11] **calafatear:** tapar las junturas. [12] **estopa:** material textil.

mos fuerza y alegría, con que éramos muchachos y muchachas y el amor flotaba entre nosotros como la bruma que, infaliblemente, recorría el campamento al caer el sol.

3. *Primeros amores*

En poco tiempo surgieron las primeras parejas.

La más visible fue la de Liuda, una rusa de cabello oscuro y cara delgada, con Oleg, uno de los que dirigían el campamento. Tipo importante, este Oleg, participaba de todas las decisiones que se tomaban. Surgían retrasos en la provisión de materiales, no había cantidad suficiente de herramientas, la comida era demasiado monótona, y un grupo se quejaba de que otro usaba las hachas y no las dejaba afiladas. Oleg estaba en todo, ya resolviendo con medidas prácticas, ya arengando a los muchachos para mejorar la convivencia. Era un verdadero líder.

Liuda, diminutivo de Ludmila, se enamoró del líder.

Guillermo, otro argentino como yo, empezó a desaparecer por largos ratos con Marianne.

Se hizo normal ver a Eugenia caminando de la mano con Sima.

Era común que al anochecer, cuando se encendía la hoguera, nos fuéramos juntando a su alrededor en troncos dispuestos como asientos. Algunos cantaban acompañados con guitarras, otros les hacían coro o charlaban, y otros desaparecían en la oscuridad para compartir una intimidad que la luz del fuego habría perturbado.

Los primeros días el trabajo nos dejaba agotados. Luego los músculos jóvenes se nos fueron acostumbrando. El cuerpo se nos fue llenando tanto de ener-

gía que nos llegamos a sentir omnipotentes. Recuerdo
el desafío que me hizo un ruso. Fue a la madrugada,
en lo que se llamaba turno noche. Se habían instau-
rado tres turnos para poder cumplir con el objetivo
fijado. El nocturno era voluntario y yo me anoté.

Iván era fuerte como un gorila y bastante insen-
sato. Acarreábamos vigas[13] desde donde estaban api-
ladas hasta las cabañas en construcción –unos cien
metros de distancia– y en cierto momento nos faltó
el tercer hombre.

–Llevémosla nosotros solos –propuso Iván.

–Esperemos a Borís –dije.

–Borís está haciendo otra cosa.

–Entonces Enrique.

–Enrique es un flojo que no quiere cargar vigas
–insistió.

–Esperemos a otro –dije y me senté.

Iván se paró delante de mí con los brazos cruza-
dos sobre el pecho musculoso.

–¿Tú también eres flojito? –me provocó.

Estuve a punto de contestarle que me importaba
un cuerno lo que él pensaba de mí. Una silueta se
movió a unos metros de nosotros y creí adivinar la
figura de Liuda.

Me levanté y dije:

–Vamos.

–Bien –dijo Iván.

Nos cargaron la viga sobre los hombros y allá fuimos.

Creí que se me rompería el hombro, que la columna se me astillaría en pedacitos, o que mis piernas se
torcerían y jamás las volvería a enderezar.

---

[13] **viga:** madero grueso que sostiene el techo de una construcción.

No sucedió nada de eso y llegamos sanos al final del recorrido. Cuando soltamos el tremendo pedazo de madera –parecía el mástil[14] de una carabela– Iván me dio una mano temblorosa.

–Muy bien, Víctor. La verdad es que en la mitad del camino sentí que me moría. Estuve por dejarla caer pero me dio vergüenza ante un chiquitín como tú –dijo.

–Maldito seas, hijo de...–lo rocié[15] con todos los insultos que me permitía el idioma ruso.

A partir de eso nos hicimos amigos. Al día siguiente me invitó a tomar vodka a la rusa, es decir, un vaso entero hasta el final y con el estómago vacío. Y luego otro.

Las bebidas alcohólicas en el campamento estaban prohibidas pero, tal como dicen, las prohibiciones están para ser violadas.

Me negué al tercer vaso, ya estaba bastante mareado.

4. *Nuestra brigada*

Mi novia me esperaba en mi país. Al volver, en unos pocos meses, nos casaríamos. De manera que yo había hecho una especie de votos de castidad.

A decir verdad, no fueron fáciles de mantener.

Otros, por razones similares o por simple timidez, no estaban «de pesca». Por lo tanto se conformó un pequeño grupo de muchachos y muchachas al cual me integré. Fue fácil y cómodo ya que pertenecíamos a la misma brigada. Walter, Oscar, Nancy, Sima, Iván, Makiko, Omar y yo, nos hicimos bastante amigos y andábamos casi siempre juntos.

---

[14] **mástil:** palo para sostener las velas en un barco.   [15] **rociar:** esparcir, lanzar.

Era una buena mezcla: un brasileño, dos chilenos, dos rusos, una japonesa, un árabe y un argentino, todos entendiéndonos en ruso.

Una noche, charlando junto al fuego, me distraje de la conversación. Del otro lado de la fogata Liuda estaba sola, con la cabeza baja y la mirada concentrada en el piso.

–Linda muchacha –dijo Makiko. La japonesa me había seguido la mirada.

Habló bajo, como para que sólo yo escuchara.

–Sí –contesté.

–Dicen que anda mal con Oleg –informó con voz monótona.

–¿Sí? –traté de no dar importancia al asunto y cambié de tema–: El domingo nos van a llevar de visita a la central hidroeléctrica de Bratsk. Dicen que la represa[16] es inmensa.

Agarré una ramita del suelo y la sostuve por ambas puntas arqueándola con fuerza. Makiko escuchó con interés y preguntó:

–¿Es verdad que te espera tu novia en Argentina?

La rama se rompió.

Miré a Makiko.

–¿Me estás queriendo decir algo, dulce princesa del imperio del sol naciente?

Se largó a reír con una vocecita delgada.

Mientras se levantaba del tronco dijo:

–De ninguna manera. Esta humilde japonesa no se mete en asuntos que no importan y se va a dormir. Y aconseja al gran guerrero argentino que haga lo mismo –jugó con las palabras: mi apellido es Guerrero. No le hice caso y me quedé por pura rebeldía.

Me fui cuando vi que Liuda ya no estaba.

---

[16] **represa:** embalse de agua.

Al día siguiente me crucé con la rusa y la saludé. Dirigía el tráfico de camiones en un cruce de caminos. Me contestó apenas con un gesto, como si no me conociera. En realidad por qué me iba a conocer, si yo era un simple obrero y ella era «la novia del capitán». Me alejé unos pasos escuchando las órdenes que daba a los choferes.

–¡Eh, argentino! ¡Bien hecho! –gritó.

El único argentino cerca era yo.

Me di vuelta.

–¿Me hablas a mí?

–Te felicito por la lección que le diste la otra noche a Iván. Es un fanfarrón[17].

Le brillaban los ojos. Seguramente había arreglado las cosas con Oleg y estaba de buen humor.

–Gracias. Iván es un buen tipo –contesté y seguí mi camino. Creo que no me escuchó. Ella tenía ganas de hablar y hacer bromas, no necesitaba respuestas. Tampoco yo necesitaba involucrarme con ella. No creí que pudiera ser solamente una amiga, me gustaba demasiado como mujer.

La siguiente vez que vi a Ludmila ella estaba haciendo la lista de los que viajarían a Bratsk.

–Hola –dije.

–Hola –contestó sin levantar la vista.

–Me llamo Víctor.

Me miró sin entender, con ojos apagados.

Luego reaccionó:

–Ludmila –dijo y me dio la mano–. ¿Vas a la excursión?

–¿Y tú?

Se molestó. La que hacía las preguntas era ella.

---

[17] **fanfarrón:** arrogante, bravucón, chulo.

–No. No me interesa –dijo.

–¿Vas a hacer algo mejor? –insistí.

Contuvo su impaciencia. Suspiró y dudó.

Finalmente dijo:

–No sé, quizás vaya.

Me inscribió en la planilla[18] y atendió al siguiente. Luego le pasó el trabajo a otra muchacha y salió corriendo como una flecha. Se acercaba Oleg rodeado por varios y hablando en voz alta.

Ludmila iba a su encuentro.

5. *Ludmila y Makiko*

Primero visitamos el pueblo de Bratsk y luego fuimos a la represa. Por último nos llevaron a ver las turbinas[19] y los tableros de comando. Todo era de grandes dimensiones, nada era pequeño. Ni siquiera los botones de los mandos electrónicos.

Paseamos, conocimos todo lo que pudimos, y tomamos fotos.

No vi a Ludmila por ninguna parte. Cuando estaba por subir al transporte que nos llevaría de vuelta al campamento escuché:

–¿Qué tal compañero?

Era ella.

–Muy bien –dije y me quedé mudo.

–Me alegro –señaló hacia atrás y agregó–: me voy a mi camión.

Dio la vuelta y caminó. La llamé:

---

[18] **planilla:** formulario o lista.   [19] **turbina:** motor con una rueda movida por la presión de un fluido.

–¡Liuda! ¿No quieres venir con nosotros?

Encogió los hombros.

–Está bien.

La dejé subir primero –galantería a la que no estaba acostumbrada–, y luego tuve que dejar pasar a todas las otras mujeres.

La última fue Makiko.

–Qué raro, Liuda no se da con extranjeros –dijo al pasar, como si fuera la voz de mi conciencia. Se lo dije.

–¿Qué tiene que ver la conciencia aquí? Sólo hice una observación –me contestó con cara de nada.

Makiko se sentó a mi izquierda y Ludmila a mi derecha. De un lado las hortalizas y del otro el perro del hortelano.

Durante el viaje Ludmila, algo excitada, charló con todos menos conmigo. Éramos más de lo previsto para el asiento corto, así que su pierna se mantuvo apretada contra la mía todo el tiempo. En cierto momento Ludmila me pasó una mano por los hombros.

Se disculpó:

–Es que estoy muy apretada.

–No me molesta –dije mientras me corrían gotitas de transpiración por el cuerpo.

Me hubiera resultado difícil sostener una conversación.

Por suerte, a Makiko se le había trabado la cámara fotográfica y estuve casi todo el viaje tratando de repararla, cosa que logré al final. Makiko me agradeció calurosamente, si es que ése es el adjetivo correcto para las medidas palabras con que me gratificó. Respecto al brazo de Ludmila sobre mis hombros no hizo ninguna observación.

En los días siguientes vi a Ludmila sólo de lejos. Otra vez sus movimientos eran vivos. Caminaba rápido, daba órdenes y reía a los gritos. Estaba contenta, maldito Oleg.

El otro paseo importante que hicimos fue al lago Baikal.

Enclavado[20] en la montaña, inmenso y con especies animales propias, el lago representa un gran interés para los amantes y los investigadores de la naturaleza.

Pero el día estuvo frío y lloviznoso. Y Ludmila no fue.

6. *Tibieza*

Mis amigos estaban reunidos esperando la cena. Nancy hablaba enumerando algo con los dedos y los demás sonreían. Me acerqué y le pregunté a Walter de qué se trataba.

–Está haciendo un recuento de los fracasos amorosos del campamento –me contestó.

–La muy solterona –dije, bromeando.

Nancy me escuchó.

–Mejor solterona que fracasada –dijo.

Todos largaron la carcajada. Menos Makiko, que mantuvo su imperturbabilidad habitual.

–¡Error, muchacha, error! –dije a Nancy–: el saber popular dice «mejor querer sin ser correspondido que no haber amado nunca».

–¡Ah! Si es por eso soy mejor que todos –retrucó.

–¿Estás enamorada de mí? –dije.

Pobre Nancy, se puso roja como un tomate.

---

[20] **enclavado:** situado, ubicado.

Makiko salió al rescate:

–No te preocupes Nancy, sólo es un argentino fanfarrón.

Fuimos a cenar.

El turno de noche ya había sido cancelado por innecesario, por lo cual el horario de trabajo era diurno para todos. Podíamos disfrutar de la hoguera sin restricciones y quedarnos hasta tarde.

Faltando nada más que una semana para volver nos dispersamos en lugar de quedarnos juntos. Fue como empezar a despedirnos de aquellos a los que probablemente no volveríamos a ver.

Charlé un rato con Iván hasta que se acercó Borís. Propusieron beber una botella de vodka entre los tres y me negué pero les agradecí la invitación. Pude hacerlo porque a esa altura de los acontecimientos ya no dudaban de mi hombría.

Se acercó Marianne y se sentó a mi lado. Sin que yo le hiciera preguntas empezó a contarme su problema con Guillermo: la había cambiado a ella por una rusa. Me habló mal de Elena, la rusa, de él, de los dos juntos y, finalmente, de todo el mundo. Se entusiasmó tanto con su amargura que terminó hablando en francés.

Yo no le entendía, pero cada tanto le decía «oui». Eso la impulsaba a seguir despotricando[21].

La interrumpí:

–Marianne, me gustaría disfrutar de esta hermosa noche en paz ¿Podrías contarme todo mañana?

Marianne para mí es como una hermana. Llegamos al aeropuerto de Moscú el mismo día, tomamos el mismo ómnibus hasta la residencia, y nos

---

[21] **despotricar:** decir barbaridades, disparates o insultos contra alguien o algo.

enfrentamos juntos con los mismos desconocimientos en un país extraño.

No se ofendió:

–Perdón, mon cheri, no quería molestarte –dijo y se fue lagrimeando.

Quedaba poca gente alrededor de un fuego que empezaba a decaer. Ludmila estaba como siempre al otro lado, sola una vez más. En determinado momento levanté la vista y me crucé con su mirada. Bajé la cabeza rápidamente y cuando la volví a levantar ella ya no estaba.

Estiré los brazos para desentumecerlos[22] y me preparé para ir a la carpa. En siete días la experiencia de Siberia habría terminado. Volvería a Moscú a preparar el trabajo final y después de eso: a casa. A encontrarme con mi familia, con mi novia, y a buscar trabajo de cualquier cosa. Nadie vive de la enseñanza del ruso en mi país. Posiblemente tuviera que emigrar.

No escuché ningún sonido. Sólo supe que Ludmila estaba a mi lado por el aroma de su pelo y una suave tibieza que me invadió el costado. Se había pegado a mí, brazo contra brazo.

Durante varios minutos no dijimos nada. Nos quedamos viendo cómo las llamas se hacían cada vez más pequeñas. Cuando murió la última, la luz oscilante desapareció y sólo nos quedó el resplandor lejano y parejo de las lámparas del campamento.

Empezó a hablar, casi en un murmullo. Luego levantó un poco la voz, que le noté quebrada. Estaba dolida y me relataba su historia con Oleg. Se había

---

[22] **desentumecer:** recobrar la agilidad de un miembro que se ha quedado rígido o dormido.

enamorado de ese tipo importante y carismático, lo había considerado un dios bello y perfecto, y él la había aceptado –dijo eso: aceptado–.

Luego la había humillado sistemáticamente desvalorizando todo lo que hacía. Me contó que al final ella ya no sentía amor, sino que se había convertido en una esclava que sólo buscaba aprobación, la aprobación del Dios-Oleg. Entretanto él mantenía todo un séquito femenino a su alrededor. Siguió hablando de lo tonta que había sido dejándose llevar por una imagen de poder ignorando a todos los demás, a sus connacionales y a los extranjeros. Y a mí.

Sentí en mi brazo que ella estaba tiritando. Me saqué la chaqueta y se la pasé apenas por la espalda. Ella se la calzó completamente y la abotonó. Los olores de mi cuerpo estuvieron sobre el suyo, abrazándola. Cerré los ojos.

Cuando los abrí tenía su boca cerca de la mía.

Habría sido el beso más hermoso que hasta entonces yo hubiera conocido.

–Me espera mi novia en la Argentina –dije.

–¿Qué?

–Que no puedo, Liuda, y no debo. Perdón –dije y me fui.

Eran las once y media. No me pude dormir hasta las tres de la madrugada. A las seis nos levantamos para desayunar y continuar con el trabajo.

Más tarde, a la hora del almuerzo, Makiko comentó:

–Pobre Ludmila. Se enfermó y se la llevaron en una ambulancia.

–¿Qué le sucedió?

–No sé muy bien, pero dijeron algo con respecto a un preinfarto.

Makiko terminó su comida, se levantó y pasó detrás de mí. No hubo sarcasmo en la palmadita que me dio en el hombro.

7. *Moscú*

Los últimos días fueron de alegría y orgullo. Las cabañas quedaron casi terminadas. Los detalles de las ventanas, puertas y mobiliario, serían terminados por personas del oficio. Habíamos construido con nuestras propias manos un lugar mágico, en armonía con el bosque, donde descansarían a lo largo de los años cientos y miles de niños y viejos.

Volvimos al aeropuerto de Irkutsk cantando y bromeando, y el viaje se nos hizo corto. Pasamos la noche a la espera del avión en la ciudad. Allí nos despedimos de nuestros compañeros que no eran de Moscú con mucha cerveza y bastante vodka. Creo que esa noche nadie durmió. No necesitábamos descansar, el trabajo había terminado. Nos esperaba un largo vuelo y, luego de unos días de descanso, el empujón final en el estudio.

Cuando me acomodé en el asiento del avión y cerré los ojos escuché una vocecita:

—¿Te enteraste de Oleg?

—No —dije sin abrir los ojos.

—Lo llevaron preso —anunció Makiko.

—¿Por qué?

—Metió la mano en la lata. Parte de los suministros faltaban porque él los robaba y los vendía a unos tipos.

—Qué buen líder tuvimos —ironicé.

—Nunca me gustó ese tipo. Según comentan, Ludmila tuvo el ataque cuando se enteró —dijo Makiko y me rozó el brazo con su manita.

Nunca le conté a nadie lo sucedido entre Ludmila y yo aquella noche. Evidentemente Makiko tenía poderes sobrenaturales. Y me estaba diciendo en forma indirecta que no me sintiera culpable.

–Gracias –suspiré.

–De nada –contestó.

Prácticamente no hablé con nadie más hasta llegar a Moscú.

No vivíamos todos en el mismo lugar. Estábamos repartidos en distintas residencias estudiantiles. Marianne, Omar, Sima y yo, nos fuimos a la nuestra, casi en las afueras de la ciudad y camino a uno de los dos aeropuertos. Se puede llegar hasta allí en ómnibus o en tren subterráneo. Es un lugar muy bonito rodeado de bosques de pinos. También tiene amplias superficies sin árboles donde se puede esquiar, y un lago cercano para patinar sobre hielo.

Cargué mi mochila y la de Marianne y ella llevó los bolsos más pequeños.

Me dijo:

–¿Nos encontramos esta noche y nos emborrachamos?

–No, gracias. No me emborracho con té –Marianne casi no bebe alcohol, apenas una cerveza cada tanto.

–Me regalaron una botella de pisco chileno. Tomemos té con pisco –insistió. Estaba hablando en serio, me necesitaba.

Pero yo quería estar a solas.

–Marianne, hermana. ¿Puede ser otro día? –le pedí en el tono más dulce que pude.

Habíamos llegado a su puerta.

Sonrió.

–Por supuesto. El rompecorazones no tiene tiem-

po para mí. Y para poner una barrera entre él y yo
me llama hermana.

–¿Rompecorazones? ¿De qué estás hablando? ¿Aca-
so alguna vez te enamoraste de mí?

Tomó su mochila y la apoyó en el piso. Se puso
seria y levantó las cejas. Ni aun así consiguió que la
piel tersa de su frente se arrugara.

–Una vez. Y eso fue hace mucho tiempo. Trece
meses, quince días, doce horas y veinticuatro minutos. En realidad casi no lo recuerdo.

Sonreí yo.

Ella agregó:

–No me refiero a mí, sino a las otras. –Me guiñó
un ojo, levantó sus cosas y caminó hacia la puerta.

–¿Otras?

Sin darse vuelta asintió con la cabeza.

–¿Ludmila? –pregunté. Ya no tenía sentido ocul-
tarlo, Marianne seguro que lo sabía.

–Ajá. Esa es una...–dijo y entró al edificio.

Me dirigí al mío. No tenía sentido tratar de entender a Marianne, acostumbraba a tejer historias que
no siempre resultaban reales.

8. *Carta de mi novia*

Recogí mi correspondencia y subí a mi habitación. Dejé las cartas sobre la mesa y desarmé la
mochila. Hice un paquete con toda la ropa y la entre-
gué en la lavandería. Luego me di una ducha, me
vestí con ropas que hacía dos meses que no usaba y
fui al comedor universitario.

Comí con otros estudiantes que habían vuelto de
sus vacaciones. Algunos habían estado en su país,
otros habían hecho turismo en Suecia, Francia, Italia

o Grecia. Me miraron como bicho raro cuando les conté que había estado trabajando en Siberia.

–¿Por qué fuiste a trabajar?

–Por dinero –respondí recordando a Omar. Era lo más sencillo y comprensible.

Volví a la habitación y me puse a ordenar libros y papeles. A las diez de la noche caí en la cuenta de que había olvidado completamente la correspondencia. Tenía cartas de mi madre, mi hermana y mi novia.

Abrí la de mi novia. Me sorprendió que fuera tan delgada, Marta siempre me escribía varias páginas. La explicación fue simple: Marta había conocido un muchacho del que se había enamorado locamente y se casaba en un mes. Me pedía disculpas y me decía aquello de que «el corazón tiene razones que la razón no entiende».

Correcto, para qué negarlo.

Me quedé recostado en la cama con la luz apagada. Pasé por un rato de tristeza que no llegó a invadirme del todo. Escuchaba dos voces: una, en el cerebro, me hablaba de Marta y su abandono La otra provenía de algún lugar en el pecho y no decía nada que yo pudiera entender.

¿Ludmila? No, no podía ser. No podía ser que yo estuviera enamorado de una muchacha de la que sabía poco y nada.

¿Ludmila era bonita? Sí, pero a decir verdad lo único que conocía de ella era su cara. Las ropas del campamento –a ella le quedaban amplias todas–, no me permitieron conocer mucho de su cuerpo.

¿Su voz? La vez que la escuché más de cerca y por más tiempo era quebrada, por momentos sonora y por momentos afónica.

¿Sus ojos? Ah, sí, oscuros y grandes.

¿La boca? De labios carnosos.

Era todo lo que sabía.

A las doce me desvestí y me metí entre las sábanas. En cuanto lo hice recordé. La tibieza. Esa tibieza que me invadió las dos veces que estuvo a mi lado.

El corazón tiene razones que la razón no entiende, y yo estaba entendiendo algo.

Me vestí y bajé a la cabina telefónica. El encargado del edificio de Marianne me dijo que sólo la llamaría si era algo urgente, por ejemplo una enfermedad. De otra manera no tenía la menor intención de abandonar su puesto de trabajo –el sillón donde dormía–, y me advirtió que no pretendiera entrar al edificio femenino a esas horas porque estaba prohibido.

–No pensaba hacerlo –dije. E hice todo lo contrario.

Marianne vivía en el primer piso y en su ventana había luz.

Tiré una piedra y esperé. Tiré una segunda y esperé. A la tercera la ventana se abrió y apareció la cara de Makiko.

Se dio vuelta y dijo:

–Marianne, tenemos visitas.

Me alcanzaron el extremo de una escala de cuerdas –no pregunté para qué la tenían–, subí hasta la ventana y me dejé caer en la cama que habían acercado.

–Estamos ahogando nuestra tristeza en licor y justo llega el príncipe valiente –dijo Marianne con voz dudosa.

La botella de pisco estaba por la mitad.

–A Marianne la abandonó Guillermo. ¿A la princesa del imperio del sol naciente qué le sucedió? –pregunté mientras recogía la escalera.

–El emperador se enamoró de otra –contestó Makiko hipando–: ¿Qué lo trae por aquí, caballero rompecorazones?

Bien, Marianne ya le había contado su novela.

Les dije todo, les hablé de la carta de mi novia –mi ex novia– y de lo que me sucedía con Ludmila.

–Tibieza –dijo Marianne y miró a la japonesa. Encogió los hombros y repitió–: Ti-bie-za.

Makiko preguntó con inocencia exagerada:

–¿Tibieza es lo mismo que calentura?

No le contesté. Marianne se durmió sobre la mesa con la cabeza apoyada en los brazos. Makiko, tambaleante, preparó café.

Una hora después estaba completamente sobria. Me preguntó:

–¿Vas a ir a buscarla?

–Sí. Debo saber qué pasó aquella noche y qué pasa ahora. Quiero verla aunque sea sólo una vez más.

Makiko se quedó callada. Después dijo:

–¿Sabes cómo encontrarla?

–No tengo la menor idea. Ni siquiera sé si estudiaba en la misma universidad que los otros. ¿Recuerdas aquel grupo de estudiantes de medicina?

–Los recuerdo. Creo que Ludmila estaba con ellos, pero no estoy segura.

Me levanté. Eran las cuatro de la mañana.

–Preguntaré a los que estuvieron con nosotros en el campamento.

–Es mejor que pregunte yo, no tienes por qué ponerte en evidencia[23]. Te van a hacer bromas pesadas –se ofreció Makiko.

---

[23] **ponerse en evidencia:** poner en situación comprometida ante alguien.

Buena amiga.

Estaba muy cansado para bajar por la ventana. Me puse un vestido amplio de Marianne sobre mi ropa y salí con Makiko. El encargado, medio dormido, vio salir del edificio a dos muchachas, una chiquita y otra mucho más alta.

Afuera le di el vestido a Makiko y me despedí.

–Gracias por todo.

–El gran emperador se lo merece –dijo y me hizo una reverencia[24].

9. *Vuelta a Siberia*

Faltaba una semana para el comienzo del período de clases. No era muy importante para nosotros, ya que no teníamos que cursar materias, pero de todas maneras debíamos presentarnos ante quien nos iba a dirigir el trabajo final. Mi tema se refería a la influencia del francés y el inglés sobre el ruso contemporáneo. Había acumulado bastante material y, en general, dominaba bien el tema. Sin embargo hacer que todo eso diera como resultado un trabajo sustancioso y acabado me iba a requerir mucho tiempo y dedicación.

Me encontré con Makiko en el centro, en un pequeño café cerca de la Plaza Roja.

–¿Averiguaste?

–Sí, pero sé bastante poco. Ludmila es estudiante de medicina en Irkutsk.

–¿Irkutsk?

–Sí, hay una facultad de medicina allí.

–¿Qué más?

---

[24] **reverencia:** inclinación de la parte superior del cuerpo para mostrar respeto.

–Nada más, lo lamento –me miró con preocupación–: ¿Estás bien?

–Estoy bien, gracias –la tranquilicé. Mentalmente ya me encontraba en un avión volando a Siberia. Dinero no me faltaba.

–Vas a viajar –dijo. Makiko leía mis pensamientos.

No conseguí nada mejor que un pasaje a Krasnoyarsk, una ciudad distante unos ochocientos kilómetros de Irkutsk, para el día siguiente. Con mi mochila al hombro nuevamente, y con el dinero ganado, partí en búsqueda de Ludmila.

El vuelo fue tranquilo y llegó a horario. La muchacha del mostrador me dijo secamente:

–No hay vuelos regulares a Irkutsk.

–¿E irregulares?

–Tampoco –se dio vuelta y atendió un llamado telefónico.

–Señorita –dije. No me prestó atención–: ¡Señorita! –dije en voz más alta–: ¡Señora! –grité.

Ella siguió hablando por teléfono y me hizo el gesto de que me retirara.

Golpeé la madera del mostrador.

–¡Maldita seas!

–¿Qué te sucede, querido? –escuché a mi espalda. Me di vuelta y me encontré con una vieja. Tenía un pañuelo en la cabeza y la cara ajada[25]. Una verdadera campesina.

Le expliqué mi urgencia por llegar a Irkutsk.

–Me espera mi novia. Si no llego a tiempo me abandona, me dio un ultimátum.

–¡Qué terrible! Estás en problemas, querido –dijo. Los rusos usan frecuentemente el «querido». Unas

---

[25] **ajada**: arrugada, estropeada por los años.

veces con ironía y otras como palabra comodín. En
este caso fue con cariño y comprensión.

–Ígor, mi hijo, transporta materiales a Irkutsk.
Quizás te pueda llevar.

–Vamos –dije sin dudar.

La ayudé con el equipaje y ella me condujo hacia
la salida.

Afuera estaba Ígor, un ruso flaco con barba desprolija[26]. Los ojos enrojecidos denunciaban un alto
consumo de vodka.

La madre le explicó mi necesidad.

–¿Tendrás algunos rublos para darme, verdad?
–preguntó Ígor mirando el piso.

–Tengo –dije.

–Entonces vamos, saldremos en un rato –dijo.

–¿Viajaremos de noche?

–Sí, hay menos tráfico –dijo y rió. Se le vieron los
dientes manchados con nicotina.

Tonto de mí, había creído que el tipo era piloto
de avión. Salimos de Krasnoyarsk en un camión mal-
trecho repleto de ruidos. Lo único decente eran los
asientos. Bastante cómodos a pesar de que viajábamos
tres: él manejaba, yo estaba en el medio, y su madre
a mi derecha.

La oscuridad era total. Sólo se veía la parte del camino que iluminaban las luces de posición del vehículo.

–¿Por qué no enciende los faros? –pregunté.

–La batería no está muy buena –contestó.

Me desperté después de haber dormitado unas
horas. El camión se había detenido y me sacudían
del hombro.

–¿Qué pasa? –me dirigí a Ígor.

---

[26] **desprolija:** desantentida, descuidada, desarreglada.

–El dinero, queridito, el dinero –dijo la mamá campesina.

–¿Qué dinero?

–El que tienes escondido –dijo Ígor con cara aburrida.

–¿Me quieren robar?

No hubo respuesta.

Ígor arrancó y dijo:

–O nos das el dinero o te tiramos del camión.

El olor a alcohol en la cabina apestaba. No sé cómo se las arreglaron para beber sin que yo me enterara, pero estaban bastante borrachos. No creí que fueran madre e hijo. Y si lo eran no dejaban de ser un par de bandidos.

No vi armas. La mujer era pequeña y la cabina amplia. La puerta del camión tenía una manija grande y se abriría hacia adelante fácilmente.

–No me hagan daño, les daré lo que tengo –dije y me puse la mochila sobre las rodillas como para abrirla.

De pronto me incliné sobre la vieja, abrí la puerta y tiré la mochila al camino.

–¿Qué hiciste? –gritó Ígor.

–Tiré la mochila y ahora voy a tirar a tu vieja –dije empujando a la mujer con el cuerpo.

–¡Demonios! –gritó de nuevo y clavó los frenos.

Aproveché para deslizarme por el hueco de la puerta pasando por encima de la mujer. Mi zambullida[27] terminó en el pavimento. Caí con las manos y rodé hacia un costado.

Corrí hacia atrás y tropecé con mi mochila. Me quedé quieto en el suelo.

---

[27] **zambullida:** caída (normalmente al sumergirse en un líquido).

Los escuché discutir. No estaban en condiciones de perseguirme a pie, habían bebido demasiado. Cuando decidieron hacerlo con el camión yo ya estaba a un costado de la ruta detrás de los arbustos.

Pasaron cerca.

Escuché la voz de Ígor:

–Vámonos, Masha. Si seguimos aquí nos vamos a topar con la milicia. Dejemos que se pudra o que lo coman los osos.

Masha se convenció y desaparecieron.

Yo me quedé aterrorizado: ¿Osos?

10. *Buscando a Ludmila*

No vi osos ni alimañas[28] peligrosas. Quizás los pájaros con su aleteo, quizás las ráfagas de viento, quizás algún ciervo, movieron las hojas o sacudieron las ramas. Fue suficiente para que me quedara hecho un nudo de nervios en el mismo lugar donde me dejaron. No me atreví a dar un paso hasta que aclaró.

No entendí el temor de Ígor a la milicia en un lugar tan solitario hasta el amanecer. A lo lejos vi una columna de humo que seguramente provendría de un poblado cercano.

Caminando con la mochila a cuestas descubrí que «cercano» tiene varias acepciones: no significa lo mismo si uno va a pie que si viaja en auto. Una hora de caminata no cambió en lo más mínimo el grosor de la humareda.

Anoté mentalmente el descubrimiento en mi almacén de sabiduría.

---

[28] **alimaña:** despectivo de animal aplicado a animales peligrosos.

Apareció un auto en el camino y le hice señas. No hubiera hecho falta: era la milicia. Me trataron con mucha desconfianza y bastante rudeza. Cuando vieron mis documentos y escucharon mi historia por décima vez se convencieron de que no era espía y me llevaron hasta el pueblo.

Me dieron de comer y me metieron en una patrulla camino a Irkutsk. No lo hicieron de pura bondad, simplemente resultó que el oficial a cargo del destacamento debía ir al mismo lugar que yo.

Viajé en el asiento trasero como los prisioneros. El oficial fue amable y me dio conversación. Me hizo muchas preguntas que mezcló hábilmente con explicaciones sobre la naturaleza que nos rodeaba. Supongo que fue un interrogatorio más sutil que el que me habían hecho los otros.

Me dejaron frente al edificio de la universidad.

Entré y busqué un cartel que dijera «informes» o algo similar. Encontré una oficina cuyo cartel decía «Contaduría».

Golpeé y entré.

–La Contaduría cambió de lugar –me informó inmediatamente una rubia de ojos verdes.

–¿Y esto qué es?

–Informaciones –dijo y se quedó mirándome fijamente.

¿Por qué razón me miraba de esa manera? Comprobé el cierre de mi pantalón.

Me apuntó con un dedo.

–¡Recordé! –dijo.

–¿Qué cosa?

–¡Eres argelino y viniste a trabajar en las cabañas!

–Argentino –corregí.

–Para mí es lo mismo –dijo y se largó a reír.

Recordé su cara. Aeropuerto de Irkutsk, venta de souvenirs, vendedora.

–¿Cómo me recuerdas? Sólo estuvimos un rato frente a tu puesto de ventas.

–Me gustan los argelinos –contestó.

–Qué lástima, soy argentino.

Nos reímos los dos. Le dije que estaba buscando a un estudiante de medicina. Me dijo que era nueva en el trabajo y que todo lo que podía indicarme era dónde se encontraban la facultad y la residencia estudiantil.

–Pero no creo que tengas suerte. Las clases todavía no empezaron y la mayoría de los muchachos está en casa con su familia –agregó.

Me dijo cómo llegar a los dos lugares. Le agradecí y caminé hacia la puerta.

–¿Buscas a una chica, verdad? –dijo a mi espalda.

–¿Cómo lo sabes?

–Por la cara, queridito, por la cara –dijo.

No supe qué contestar.

–Qué lástima –agregó.

–Qué lástima qué.

–Que cada vez que encuentro un argelino ya tiene novia.

–Argentino, queridita, argentino –corregí de nuevo.

Escuché su carcajada a través de la puerta.

En la facultad de medicina me atendió una empleada de unos cincuenta años. Le dije directamente que buscaba a mi novia Ludmila.

Muy formal y eficiente, me preguntó:

–¿Ludmila qué?

Había diez Ludmilas en la lista.

–No sé.

–¿Es su novia y no sabe el apellido?

–No lo recuerdo.

–Ajá –dijo y no hizo nada.

Sugerí:

–¿Puedo ver la lista? Quizás me acuerde si lo veo escrito.

–Fíjese –concedió y me alcanzó el libro.

Me decidí por Ludmila Basmánova.

Revisó la hoja y luego buscó en otro libro.

–Tiene suerte, vive en la residencia. Bloque cuatro, habitación veintiséis.

–¿No viven todos en la residencia?

–Solamente los que tienen su familia a más de cien kilómetros.

Cerró el libro y dio por terminada la conversación.

11. *La falsa Ludmila Basmánova*

–Liuda está en Krasnoyarsk –me informó Valia, su compañera de cuarto.

–¿Dónde?

–¡En Krasnoyarsk, con su familia! –se impacientó.

–Entendí, no me grite. De todas maneras en pocos días comienzan las clases, ella tendrá que venir –dije.

–No creo. Avisó que se atrasaría por un problema de salud –bajó la voz–: aunque yo creo que tiene un problema con el novio.

–¿Oleg?

Valia abrió grandes los ojos:

–¿Lo conoces? Mi Dios, entonces sabes que está preso...

–Por supuesto –dije con serenidad–: ¿Serías tan amable de darme su dirección en Krasnoyarsk?

Valia me la dio y cambió el trato.

–Disculpe. ¿Usted es de Seguridad Estatal?

–Algo semejante –contesté y me fui rápidamente. No se supone que la policía secreta necesite preguntar direcciones a las compañeras de cuarto.

Necesitaba descansar, estaba molido. Fui al centro de la ciudad y entré al primer café que vi. Esperé sentado, con la cara apoyada en las manos.

Adiviné la falda de la camarera a mi lado.

–¿Qué se va a servir? –preguntó una voz joven. Levanté la vista y miré.

Era Ludmila. Esperaba mi pedido como si nunca me hubiera conocido.

–¿Liuda?

Sonrió:

–Sí.

–¿Ludmila Basmánova?

–Sí.

–¿No me recuerdas?

–Te recuerdo perfectamente. ¿Qué te vas a servir?

Me puse rojo. Había realizado semejante viaje para encontrarme con una mujer que no sentía nada por mí.

–Un café y un sándwich de queso –dije.

–Bien.

Antes de que se alejara le dije:

–Quisiera hablar contigo.

–Muy bien, cuando termine de trabajar.

–¿Dónde nos encontramos?

Anotó algo en un papel, me lo dio y se fue. El pedido me lo trajo otra camarera. Esperé tres horas tomando café sin ver a Ludmila.

Finalmente fui a la dirección que me había dado.

Me abrió la puerta un viejo canoso y corpulento.

Antes de que yo abriera la boca me dijo:

—La busca a ella.

—Sí.

Me empujó con un brazo potente y caí de espaldas. Me quedé en el suelo sin entender qué sucedía.

El viejo habló entre dientes pero fue muy claro:

—Si vuelve otra vez por Maia lo mato.

—Busco a Ludmila —dije antes de que cerrara la puerta.

Se detuvo.

—Ludmila, Natasha, Valentina o como quiera que se llame, es mi hija y está loca. Todos quieren aprovecharse de ella. Y yo los voy a matar a todos, uno por uno. ¿Entendió, jovencito?

—Pero se parece muchísimo a Ludmila —protesté.

Suspiró.

—¿Ah, sí? ¡Maia! —llamó.

—¿Papá? —se escuchó.

Ella asomó la cara por sobre el hombro del viejo.

—Levántate la falda —ordeno él.

—¿Otra vez?

—Otra vez.

La muchacha adelantó unos pasos y tiró de la tela hacia arriba. Si había algo de lo que yo estaba muy seguro era que mi Ludmila no tenía piernas ortopédicas. Pedí disculpas al viejo y no las aceptó. De todas maneras tuvo la amabilidad de recomendarme una casa de familia donde por unos pocos rublos me darían alojamiento.

Allí me atendieron con cordialidad y me dieron de comer. Me cedieron una cama cerca de la chimenea. Dar el lugar más caliente de la casa al huésped es una antiquísima costumbre rusa.

12. *Valia*

A la mañana busqué un teléfono y llamé a Makiko.

–Marianne y yo estábamos muy preocupadas –dijo.

–¿Marianne estaba preocupada por mí?

–En realidad sólo la crucé una vez en un pasillo y me preguntó si sabía algo de tus andanzas. A propósito: ¿Encontraste a Ludmila?

Le resumí mis peripecias[29]. Cuando le conté lo de la camarera de las piernas postizas no se rió. Por el contrario, su voz sonó más seria que nunca:

–Víctor, tendrías que volver. La facultad te espera y además creo que estás persiguiendo un fantasma del que no recuerdas ni siquiera su aspecto. Confundiste su cara con la de otra mujer.

–Es verdad, aunque te digo que era muy parecida. Estaba muy cansado, Maki –le inventé un diminutivo español. Nunca supe cómo son los diminutivos en japonés.

–Si sigues buscando te vas a volver tan loco como esa camarera. Mejor te vuelves a Moscú –insistió Makiko.

–Tengo que ir a Krasnoyarsk, Maki. Quiero verla una vez más.

–Dame sus señas. Desde Moscú quizás me resulte más fácil averiguar si ella está realmente allí. No tiene sentido que viajes si no tienes ninguna seguridad de encontrarla.

Estuve de acuerdo y quedé en volver a comunicarme con ella en unas horas.

Al salir del locutorio me topé con Valia, la compañera de cuarto de Ludmila. Cuando me vio se

---

[29] **peripecia:** incidente, ocurrencia, suceso imprevisto.

puso tensa y pasó a mi lado como si no me conociera.

Caminé detrás y ella apuró el paso. Supongo que dimos un espectáculo ridículo: dos personas corriendo con pasitos cortos y rápidos, como en las películas de Chaplin, en una ciudad donde nadie tiene apuro.

Valia entró en un mercado de comestibles, un galpón[30] muy grande lleno de puestos de venta ubicados en completo desorden, y trató de perderme ahí adentro. Retrocedí, di la vuelta al galpón por afuera, y me dirigí hacia la parte trasera.

El patio de descarga de mercadería se parecía a cualquier otro en cualquier lugar del mundo. Un lugar desierto con cajones vacíos y restos de hortalizas esparcidos por el suelo.

Valia tropezó con una caja y se encontró conmigo. Se puso histérica y chilló:

—¡Ya les dije todo! ¿Qué más quieren de mí?

—¿Quién quiere algo de ti? —le pregunté con tono suave. No logré calmarla. Siguió gritando lo mismo una y otra vez. Al fin la tomé por los brazos y la sacudí:

—¡Basta, Valia! ¿Quiénes son «ellos»?

Se asombró:

—¿Usted no trabaja con los de Seguridad?

La tomé del brazo y salimos. Mientras caminábamos le conté la verdad y me creyó. Me contó que unas horas después de nuestro encuentro se le habían aparecido tres tipos de Seguridad Estatal. Según ellos, Oleg se había escapado y buscaban a Ludmila como posible cómplice en los negocios y en la fuga.

---

[30] **galpón**: cobertizo grande.

–¿Les diste la dirección de Liuda?

–Les mentí, les dije que no sabía nada. ¿Hice bien? –contestó con inseguridad.

–Claro que sí –la tranquilicé y luego le pregunté–: ¿Cómo puedo viajar a Krasnoyarsk?

Pensó un momento.

–En tren. Hay uno que sale al mediodía. Es un viaje largo pero es lo mejor.

–¿Lo mejor?

–Para no despertar sospechas. Es un transporte con muchos pasajeros.

Tenía razón.

Me indicó cómo llegar a la terminal y me despedí.

–Gracias por todo, Valia.

–Lo hago por Liuda, es una buena chica –dijo y agregó–: También buscaban a un muchacho con el que la vieron en el campamento. Pero no sé de quién se trata –sacudió la cabeza y me despidió con la mano.

Me había apartado unos pasos cuando escuché:

–¡El muchacho era extranjero!

Me corrió frío por la espalda pero no me detuve. Ante las autoridades sería más fácil explicar mi situación que la de Ludmila. Y yo estaba seguro de que ella era inocente.

«A seguro lo llevaron preso» dicen en Argentina, pero en ese momento mi cabeza no estaba para refranes.

13. *La madre de Ludmila*

Krasnoyarsk posee una de las más grandes centrales hidroeléctricas del mundo. Era una ciudad grande y quizás no me fuera fácil encontrar el lugar que me había indicado Valia.

El tren llegó muy tarde a la noche y yo hice lo que muchos: me acomodé en un banco de la estación, apoyé la cabeza sobre la mochila y me quedé dormido.

Desperté temprano y salí. Desayuné con el té y las empanaditas que venden en la calle. La vendedora me dio una larga y complicada explicación sobre cómo llegar al lugar. Decidí tomar un taxi.

El chofer notó que yo era extranjero y no puso en funcionamiento el taxímetro.

—Si me vas a robar te ahorco[31] y luego llamo a la milicia —dije. El tipo no estaba en buena posición para discutir. Yo estaba exactamente detrás de él.

—El aparato no funciona —se defendió.

—En todas partes sucede lo mismo —dije—: ¿Qué hacemos?

Arreglamos un precio conveniente para ambos. Barato para mí y caro para la compañía propietaria del auto: el tipo se metía todo en su bolsillo.

Me dejó en un barrio de edificios bajos y monótonos, todos iguales y con una plaza en el medio. Después de mucho preguntar llegué al departamento.

Abrió la puerta un hombre en pijama.

—¿Basmánov? —pregunté.

Aunque me pareció demasiado joven supuse que sería el padre.

—No. ¿A quién busca exactamente?

—A Ludmila Basmánova.

—Es aquí, espere un momento —desapareció dejando la puerta entreabierta.

Se asomó una mujer de unos sesenta años.

—¿Qué quiere?

---

[31] **ahorcar:** colgar, matar a alguien suspendiéndole de una cuerda al cuello.

Era parecida a Ludmila.

–Hablar con Liuda. Soy compañero del campamento. Le prometí que si pasaba por Krasnoyarsk vendría a visitarla.

La mujer se aflojó[32] y se le fueron algunas arrugas. Me invitó a pasar.

La habitación, modesta, estaba cargada de adornos. Cuadritos, platitos, figuras de cerámica y muñequitas «matrióshka» poblaban los muebles de madera.

Me convidó con té. Durante el tiempo que le llevó prepararlo y servirlo no habló. Cuando estuvieron las dos tazas sobre la mesa se sentó y me miró.

–Está enamorado de mi Liúdochka –afirmó.

Sonreí, no era la primera vez que me lo decían.

–¿Se nota?

–Sí, queridito, sí –dijo con voz cansada.

–¿Ella no está en casa?

–Llegaste tarde, se fue ayer.

–¿A Irkutsk?

–No. Fue a casa de su padre.

–Pero...–hice un gesto señalando el lugar donde se escuchaba una voz masculina.

–No es el padre, es mi nuevo marido. Liuda y él no se llevan bien. Tuvieron una discusión y ella se marchó sin decir adónde y sin saludarme. Yo estaba trabajando –bajó la voz–: Aquí soy la única que trabaja.

Tomamos el té en silencio. Ella se levantó y me trajo un papel:

–La dirección del padre.

Guardé la nota en un bolsillo.

–Gracias.

Nos levantamos y me acompañó hasta la puerta del edificio. Me dio un beso en cada mejilla y dijo:

---

[32] **aflojarse:** relajarse.

–Que tengas suerte, hijo. Cuando la encuentres dile que me perdone y que la quiero mucho.

–Se lo diré.

En cuanto me alejé miré el papel. De locos: Ludmila se había ido a Moscú.

14. *Preso*

Volví al centro de la ciudad, busqué un teléfono y llamé a Makiko. Cuando le relaté lo de Valia y los tres tipos se asustó:

–Víctor, definitivamente tienes que volver y aclarar tu situación aquí en Moscú. Tengo miedo de que te suceda algo malo estando tan lejos de nosotros, tus amigos.

–De acuerdo, Maki. Pero no me va a ser sencillo conseguir pasaje en avión. Mientras tanto hazme el favor de contactarte Ludmila –le pasé la dirección del padre–: y dile que...–no pude terminar la frase. Una mano me sacó el tubo y otras me arrancaron fuera de la cabina.

El tipo colgó el teléfono con suavidad y me mostró una credencial:

–Seguridad Estatal, acompáñenos –ordenó.

Eran tres. No tuve fuerzas para resistirme ni protestar. Además supuse que me llevarían a una dependencia, allí hablaría con un jefe, y todo se aclararía.

La suposición fue cierta a medias: existía una dependencia y un jefe. Pero no pude aclarar nada. Decenas de veces conté la misma historia. Cada tanto me detenían y me preguntaban un detalle que no tenía nada que ver, por ejemplo el nombre de mis abuelos maternos.

Otras veces el tipo que me interrogaba se iba y

venía otro para hacerme las mismas preguntas.
Querían que me equivocara, necesitaban descubrir
alguna mentira.

No pudieron. Siempre les dije la verdad, no tenía
nada que ocultar, nada de qué avergonzarme.

No había cometido ningún delito.

–No es verdad –dijo el jefe–: Usted, querido mío,
se fue de Moscú sin pedir el permiso correspondiente.

Era verdad: para viajar de una ciudad a otra hacía
falta una especie de visa.

–Vamos, mayor –había escuchado que lo llama-
ban así–: Todo el mundo viaja sin hacer ese trámite.
Permítame hacer un llamado a mi embajada, lo que
hacen conmigo es un abuso de autoridad.

Se tiró hacia atrás.

–El trámite que no hizo me permite retenerlo sin
dar aviso por cuarenta y ocho horas –dijo con satis-
facción malvada.

–Boludo[33] –dije en español.

–¿Qué dijo?

–Significa «de acuerdo».

Supongo que no me creyó.

Me dieron de comer y beber y comenzaron de
nuevo.

Esta vez me interrogó una mujer, un cambio de
táctica. Me trató en forma cordial y hasta maternal,
pero no logró saber más que los otros.

A la medianoche me trasladaron a una habitación
que no se podía llamar celda simplemente porque no
tenía rejas. Me acosté en un catre y me dormí como
si me hubieran dado un golpe en la nuca.

Al rato me despertaron.

---

[33] **boludo:** imbécil, tonto.

El mayor me informó:

—Se va a Moscú.

—¿Me liberan?

—No, lo requieren mis superiores.

El tipo estaba molesto porque le sacaban el caso de sus manos.

Aproveché la ocasión:

—Mayor, ¿de qué se trata todo esto, eh?

Se rascó la cabeza pelada.

—Tráfico de drogas, hijo. ¿Qué te pensabas?

Me quedé con la boca abierta.

—¿Usted cree que soy traficante de drogas?

—No. Pero su amiguita sí.

—¿Qué amiguita?

—Ludmila Basmánova.

No pude evitar que se me abriera la boca nuevamente.

Los de Seguridad Estatal que me habían detenido me llevaron a empujones a la calle y me subieron a un auto. En una hora ya estábamos en un vuelo nocturno hacia Moscú. En el avión no habían muchos pasajeros: una docena de guardias y tres prisioneros. Es de suponer que me contaba entre los últimos.

Nadie habló hasta el aterrizaje en el aeropuerto de Sheremétievo. Desde allí me transportaron en un automóvil negro hasta el centro de la ciudad. Cuando pasamos frente a la residencia estudiantil se me encogió el corazón. ¿La volvería a ver? Según tenía entendido, por narcotráfico podrían aplicarme la pena de muerte.

15. *El cónsul*

El automóvil pasó bajo una arcada que no logré identificar y se detuvo frente a una puerta que pare-

cía de un convento. Me condujeron entre dos por
infinitos corredores y me dejaron solo en una pequeña sala.

La silla era incómoda, no había nada para leer
–evidentemente no era la sala de espera de un den-
tista–, ningún cuadro para mirar y ningún sonido
de voces.

Me asombró que la ventana no tuviera rejas. Me
acerqué y miré a través del vidrio. Tres pisos más
abajo había un patio con árboles añosos[34]. Las hojas
secas cubrían el piso y un banco de madera que no
parecía haber sido usado nunca. Imaginé que más de
una persona habría mirado ese asiento antes de ser
juzgado y condenado en forma sumaria. Volví a mi
silla y me cayeron lágrimas.

Recordé a mi familia y a todos mis amigos. Haciendo el esfuerzo de no olvidar a ninguno, recosté
mi cabeza contra la pared y dormité. Estaba agotado
física y mentalmente.

Me asustó la puerta al abrirse. Un tipo trajeado
se me acercó con una sonrisa y me tendió la mano.

–¿Víctor Guerrero? –dijo.

–Sí, señor –contesté y me paré. Le di la mano sin
fuerza.

–Sígame, por favor.

Caminé detrás de él por los largos pasillos. Cruzamos frente a oficinas llenas de personas que aparentemente estaban trabajando. Todos vestían uniforme.

El tipo dio un golpecito en una puerta, abrió sin
esperar respuesta y me hizo pasar. Era una oficina
de lujo. Detrás de un gran escritorio un hombre de

---

[34] **añoso:** viejo, de muchos años.

uniforme y pelo blanco charlaba con otras dos personas.

Una era la mujer que me había interrogado y el otro era el cónsul argentino.

Alguno de ellos habría contado una anécdota tonta y los tres reían sin mucha convicción. Mi sonriente guía nos presentó:

–Víctor Guerrero, el general Zhugánov, la teniente coronel Smerdliakóva, y el licenciado González Urreta, cónsul argentino.

Les di la mano a todos.

Lo que siguió luego me desconcertó: el general me pidió disculpas por las molestias causadas –las atribuyó a la ineptitud de algunos subordinados– y me pidió que olvidara el asunto. Me deseó suerte en la finalización del posgrado y le cedió el turno al cónsul.

González Urreta tomó la palabra:

–Guerrero, usted sabe que no tiene gollete[35] armar un despelote[36] diplomático por una estupidez.

Un tipo fino y delicado, este González Urreta.

No contesté. Yo estaba muy enojado y quería generar un gran conflicto diplomático. El cónsul me leyó las intenciones:

–Usted tiene que renovar su pasaporte. ¿Verdad, Guerrero?

Abandoné inmediatamente la idea del conflicto.

–Sí, señor. Venció hace un mes.

–Pase por el consulado cuando quiera, le haremos el trámite lo más rápido posible.

–Gracias –dije.

Saludé con una inclinación de cabeza y me retiré acompañado por mi sonriente guía.

---

[35] **no tener gollete**: no tener sentido. [36] **despelote**: desorden, confusión.

–Lo espera una muchacha –me informó.

El corazón me repicó y caminé rápido. Más rápido y más rápido. No recuerdo haberme despedido del guía. Bajé el tramo final de escalinata de un salto y miré hacia los lados. No vi a nadie conocido.

Del otro lado de la calle una figura chiquita me hizo señas. Crucé corriendo la calle y Makiko se me tiró encima.

Me abrazó temblorosa.

–¿Y Ludmila?

–Enseguida te cuento –dijo sollozando–, pero primero festejemos que estás vivo y libre.

Tonto de mí, ella tenía razón. Me estaba olvidando de lo que habían sufrido mis amigos. Dejé mi ansiedad para más tarde y en el taxi a la residencia respondí a todas las preguntas de Makiko.

Fueron cientos.

En cierto momento largué la carcajada.

–¿Qué es lo gracioso? –preguntó Makiko levantando las cejas.

–Que preguntas como cualquier mujer occidental, que muestras tus emociones, y que...

–¿Y qué?

–¡Y que me abrazaste y me mojaste la camisa con tus lágrimas!

Se puso seria.

Luego, con ojos pícaros[37], dijo:

–Dos años fuera del país es mucho tiempo. Sobre todo si una inocente muchacha japonesa se mezcla con los peores exponentes de la raza occidental.

Llegamos a casa riendo.

–Iremos a lo de[38] Guillermo –dijo.

―――――――――

[37] **pícaro:** afectuosamente malicioso, travieso.   [38] **a lo de:** a casa de.

–¿Por qué?

–Él y Marianne te esperan allí.

–¿Están juntos de nuevo?

–Oh, no creo –dijo volviendo al enigmatismo oriental.

Antes de entrar volví a preguntarle por Ludmila.

–Ella está bien, mañana la verás.

No me gustó tener que demorar el encuentro hasta el día siguiente, pero acepté una espera que no me vendría mal. Necesitaba poner en orden mis ideas y sentimientos. Ludmila se había convertido en obsesión antes de que yo supiera si era o no el gran amor de mi vida. Hasta los rasgos de su cara se me confundían con los de otras mujeres.

Sí, mejor sería que nos viéramos mañana.

Abrí la puerta de la habitación de Guillermo y me recibió un griterío. Estaban todos: Marianne, Omar, Guillermo, Sima, Walter, Oscar, Nancy y varios más. Sobre la mesa había vino, vodka y tortas.

Makiko entró detrás, silenciosa.

16. *Los amigos*

Nos quedamos hasta las tres de la mañana, hora en que Guillermo nos echó.

–Ya está, ya festejamos a tu héroe –dijo a Marianne.

Ella contestó:

–No sé si es mi héroe, pero es un tipo capaz de hacer cualquier cosa por la mujer que ama.

Cualquiera podría haber interpretado eso como una lisonja[39] para mí. Todos sabíamos que lo dicho era un dardo envenenado dirigido a Guillermo.

---

[39] **lisonja:** alabanza o atención que se dedica a una persona.

–No sabemos qué es Víctor. De lo que estamos seguros, Guillermo, es que tú eres el prototipo del villano –agregó Omar.

Marianne agradeció con una sonrisa. El gesto que hizo Guillermo a Omar fue obsceno.

Acompañé a Marianne y Makiko hasta el edificio de la primera.

–¿Te quedas con Marianne?

–Sí, es muy tarde para volver a mi residencia –dijo Makiko y le dirigió una mirada. Marianne hizo un gesto de comprensión, me sopló un beso con la mano y entró.

Makiko intentó decirme algo:

–Yo, tú, Ludmila...–se trabó completamente.

Algo raro sucedía.

–Ajá. Yo, tú, él, nosotros, etcétera –me impacienté–. ¿Qué demonios sucede, Maki?

–Ludmila.

–Ya la mencionaste. ¿Qué pasa con ella?

–Se fue.

–¡Cómo que se fue! –grité.

–Shhh –me puso un dedo en la boca:– Despacio, que la gente duerme.

Me senté en un escalón. Makiko hizo lo mismo a mi lado.

Sentí ganas de llorar como cuando creí que iba a ser condenado a muerte. Makiko me acarició la mano y me habló como una madre cuando consuela a su hijo. Eran palabras en japonés, quizás una plegaria[40].

Cuando pude prestarle atención me dijo:

–Cuando llegué al lugar que me diste ella... ella estaba. El señor que me atendió es su padre. Ludmila

---

[40] **plegaria:** súplica, oración.

le dijo que no venía a Moscú de visita sino a buscar una persona. No la encontró y se volvió.

—¿Adónde?

—Irkutsk —dijo y retiró su mano de la mía.

El amanecer comenzaba a iluminar el cielo detrás del bosque. Se levantó una brisa fresca que hizo tiritar a Makiko. Le pasé un brazo por los hombros y la apreté contra mí. Ella se dejó hacer y el temblor se le pasó.

—Entiendo —dije.

—Qué.

—Que Ludmila me estuvo buscando a mí. Seguramente anduvo por aquí y le dijeron que yo estaba en Siberia buscándola. Entonces se volvió a Irkutsk. ¿No te parece todo claro?

Yo estaba contentísimo. Me paré y di unos pasos de baile cosaco[41] palmeándome las piernas. Casi pude escuchar una música de balalaikas.

—¿Vas a volver a Irkutsk?

—Por supuesto, Maki, por supuesto —le di un beso y salí corriendo a mi habitación.

17. *Tercera vuelta a Siberia*

El avión hizo un giro amplio hacia la izquierda y luego hacia la derecha. Esta vez no tuve interés en contemplar el paisaje, estaba ansioso por encontrarme con Ludmila.

Al mismo tiempo, un sentimiento contradictorio que no lograba explicar me impulsaba a abandonar su búsqueda y regresar a Moscú, a la rutina conocida y la seguridad de mis amigos. Me había sucedido demasiado en los últimos días.

---

[41] **cosaco:** natural de varios distritos de Rusia.

Bajé del avión y caminé sin apuro hasta el hall central. Cuando pasaba frente al negocio de objetos regionales escuché:

–¡Ey, argentino!

Me acerqué y saludé a la rubia.

–¿No estabas trabajando en la universidad? –le pregunté.

–Me aburrí y volví al puesto de ventas, me gusta más. ¿Encontraste a tu novia?

–No.

–¿La sigues buscando?

Tardé en contestar.

–Eso quiere decir que sí, pero que ya no estás tan entusiasmado –afirmó.

Me reí.

–¿Eres adivina?

–Leo el pensamiento.

–¿Y qué estoy pensando ahora? –desafié.

–Que no sabes por qué buscas a una mujer que se te escapa cuando aquí, enfrente tuyo, tienes a la chica más bonita e inteligente de Rusia –dijo con absoluta seriedad.

–¿Esa chica no tiene novio o amigo íntimo?

–No.

–¿Por qué?

–Porque les adivina los pensamientos a los hombres.

No pudo mantener la seriedad y se largó a reír. Le causó tanta gracia su propia frase que tuvo que secarse las lágrimas. Me contagió la risa.

La interrumpí:

–Me llamo Víctor. Fue un placer conocerte, me alegraste el día –levanté la mochila y me dirigí a la salida del aeropuerto.

–¡Víctor!

Me detuve.

–Te llevo hasta la residencia. Terminó mi turno y estoy con el auto de mi padre.

No me resistí.

Irina no sólo era bonita y adivina, también era charlatana. No era tan fresca ni descarada como me había parecido al principio. Simplemente era muy sociable y usaba cualquier pretexto para entablar conversación. Durante el viaje habló casi exclusivamente ella mientras conducía el viejo autito destartalado[42]. Supe sobre su familia, su vida, sus amigos y amigas, y sobre la región de Irkutsk. La mitad del tiempo se la pasó mirándome a mí en lugar del camino. A pesar de eso no chocamos ni nos desbarrancamos.

Me hizo pocas preguntas. Lo demás me lo leyó en la cara.

Cuando llegamos le agradecí y bajé del auto.

En la habitación de Ludmila no había nadie. Mis golpes en la puerta hicieron que apareciera una muchacha de la habitación contigua.

–¿A quién busca?

–A Ludmila.

–¡Ah! –hubo algo de desencanto en el tono.

–¿Sabes dónde está?

–Esa, esa,...está en Burdakovka –dijo con brusquedad y se metió en su pieza. No me dio tiempo para hacerle más preguntas ni agradecerle.

Cuando me retiraba por el pasillo salió de nuevo y me gritó:

–¡Cuídate! –y cerró con un portazo.

---

[42] **destartalado:** desarreglado, desordenado, en malas condiciones.

¿Cuidarme de qué?

Cuando salí, Irina todavía estaba en el auto.

–¿Qué haces aquí? No te pedí que me esperaras –le dije.

No contestó. Se inclinó y me abrió la puerta del acompañante.

Entré.

–¿Adónde vamos ahora? –dijo, prendió el motor y puso en primera.

Le pedí que apagara el motor y que me escuchara. Obedeció.

–Irina, sé que soy el tipo más buen mozo, bondadoso, valiente e inteligente de todo el universo. También sé que eres la chica más bonita, inteligente y cariñosa de toda la Federación Rusa. Pero lo nuestro no puede ser: estoy enamorado de otra. ¿Comprendes?

–¿De cuál, de la que se te está escapando? –preguntó sin conmoverse en lo más mínimo por mi discurso.

Hice silencio.

Entonces se contestó a sí misma:

–No. Y yo te voy a ayudar a encontrarla para que te convenzas de que esa mujer no te quiere.

–¿Qué vas a ganar con eso?

–Que me odie un argelino. Ya que no puedo enamorar a ninguno, por lo menos conseguiré que uno me odie. No soporto la indiferencia.

Irina nunca dejaba de bromear.

–Argentino, Ira, argentino –corregí.

–Es lo mismo. ¿Adónde vamos?

Me di por vencido.

–Burdakóvka.

–¡Demonios! –exclamó y se puso realmente seria.

–¿Qué hay de malo allí? –pregunté.

No me contestó. Arrancó el auto y manejó con brusquedad, enojada. Cuando entramos a la ruta que bordea la represa y desemboca en el lago Baikal dijo:

–Burdakóvka es un campo de prisioneros.

Luego, en tono serio, sin bromas ni juegos de palabras, me explicó que las condenas no siempre se purgaban[43] en cárceles tradicionales. Burdakóvka era un campo de prisioneros similar a un poblado. Ahí confinaban[44] a la gente que había cometido robo sin violencia o estafas menores, o había traficado en pequeña escala, o tenía historia de violencia familiar. La condenas consistían en vivir unos dos a cuatro años con reclusión en un pueblo alejado y cercado.

–¿Tienen visitas en esos campos?

–Sí. Incluso hay casos en los que la mujer o el marido del que cumple la condena se instalan en un lugar cercano para poder visitarlo con frecuencia. Todo depende de la gravedad del delito. A veces les permiten visitas diarias. Me imagino que tu amiga debe estar por ahí cuidando a ese cerdo.

No dije nada. Viajamos una media hora sin hablar hasta que vimos un cartel que indicaba la entrada al campo de prisioneros. Irina se desvió y estacionó en la banquina[45] a unos cien metros de la entrada.

–Es mejor que vaya sola. No creo que a los guardias les guste tratar con un extranjero preguntón. Espérame en el auto –dijo.

Caminó hacia la barrera que cortaba el paso y

---

[43] **purgarse**: expiar, pagar.   [44] **confinar**: aprisionar, encerrar.   [45] **banquina**: margen o terraplén ancho que bordea la carretera.

desde la caseta un guardia le dio el alto. Hablaron varios minutos hasta que llegó una mujer uniformada. Luego las dos se internaron por el camino hasta que no pude verlas más.

Me quedé solo en un lugar desconocido, en el auto de una desconocida y a pocos metros de una cárcel.

Se supone que todas las horas son iguales. Sin embargo, la que esperé en el auto de Irina fue singularmente larga. Pensé que ella no saldría nunca, que la habrían hecho prisionera y que el próximo en caer sería yo. Imaginé nuevos interrogatorios. Imaginé al cónsul de mi país diciendo «lo lamento Guerrero, esta vez ya no puedo hacer nada por usted».

Estaba tan concentrado en mis tortuosos[46] pensamientos que la voz de Irina me sobresaltó. Apareció por detrás y me habló al oído:

–Calma. Nos iremos sin hacer escándalo. Dicen que no saben dónde está pero yo creo que no quieren que la veamos.

Dimos la vuelta y el guardia nos vio pasar de regreso a la ciudad. Irina se veía tan concentrada que no me atreví a preguntarle qué había sucedido. No habríamos recorrido un kilómetro cuando lanzó el auto a un costado y se detuvo entre los árboles. El sonido de los arbustos rozando la carrocería me hizo creer que el vehículo se destrozaba.

Pensé que la rubia se había vuelto loca.

–¿Y ahora? –pregunté con voz bajita.

–Esperamos –dijo sin mirarme.

–Esperamos qué.

–Que oscurezca.

---

[46] **tortuoso:** no claro, torcido, sinuoso.

18. *Irina*

Irina tenía un plan. Y, aparentemente, cuando ella tenía un plan lo llevaba a cabo sin dudar. Sabía que muchas veces los parientes de los condenados se las arreglaban para entrar al campo por un lugar prohibido. Acampaban en las cercanías y aprovechaban la noche.

Irina había nacido en la región y conocía muy bien la zona, lo que no sabía exactamente era dónde se ocultaban los parientes de los condenados.

No parecía ser algo que la inquietara.

—Nos internaremos rodeando el campo y luego ya veremos —dijo—. Lo que ahora necesitamos es beber algo. Mi padre siempre deja agua potable y té en el auto. Con eso nos arreglaremos.

Tuve la intención de negarme a semejante aventura, pero mi machismo me lo impidió. Ya una vez había aceptado el desafío de Iván sólo porque una mujer estaba escuchando. En este caso el desafío me lo imponía directamente una mujer. Pequeñita, bonita y valiente.

Debo confesar que Irina me inspiraba muchísima confianza. Detrás de su ligereza y superficialidad aparentes se escondía una mujer de voluntad indudable. Además, ¿qué salida me quedaba?

Me encomendé a todos los santos y decidí seguir sus instrucciones. Que no las hubo. Después de beber té cargado y sin azúcar dijo simplemente:

—Vamos.

Nos internamos en el bosque con una linterna y un hacha que encontramos en el baúl del auto.

La primera parte no fue difícil, sólo cansadora. Caminamos apartando los arbustos con las manos y enredándonos en el pasto salvaje. Nos daba luz en forma intermitente una luna baja que cada tanto se escondía detrás de las nubes.

–Descansemos un poco –dijo Irina.

Hubo una nota extraña en su voz.

–¿Algo está mal? –pregunté.

No le podía ver la cara, así que la enfoqué con la linterna.

–Es la mano –dijo.

Bajé el haz[47] de luz. Tenía una herida bastante amplia pero no profunda. Le vendé la mano con un pañuelo y traté de animarla:

–Listo, ya no te sangra. Podemos seguir jugando en el bosque mientras el lobo no está –bromeé.

No se rió ni se enojó. Miró con preocupación a su alrededor.

–El olor –dijo.

–¿Qué olor?

–El olor de la sangre atrae a las bestias –dijo impaciente–: Vamos.

Recordé los osos del zoológico. ¿Cómo serían los siberianos?

Caminamos un rato más en plena oscuridad. Irina no me dejó usar la linterna.

–Nos van a ver –dijo.

–¿Los osos?

–No, tonto. Los guardias.

Había olvidado el detalle. De pronto Irina me detuvo y susurró:

–De aquí en adelante sigo sola.

–¿Y yo qué hago?

–Esperas –dijo y desapareció.

---

[47] **haz:** conjunto de rayos con la misma dirección.

Se llevó la linterna.

Lo dicho: las horas no son todas iguales. La que esperé esa vez –quizás hayan sido veinte minutos– fue la más larga de mi vida. Los árboles se movían y crujían, y me caían ramas en la cabeza. Un arbusto me rozaba la cara y en mi imaginación veía media docena de osos que me rodeaban relamiéndose[48], mientras que una pareja de tigres siberianos discutían sobre el mejor momento para saborearme: en el desayuno o en la cena.

Las nubes que un rato antes se dedicaban a entorpecer la luz decidieron juntarse y hacer algo más interesante. Los golpecitos iniciales de las gotas sobre las hojas se convirtieron en un diluvio que duró cinco minutos y logró mojarme completamente.

Estaba solo, a oscuras, en medio de las fieras del bosque siberiano y con guardias armados acechando[49]. Tenía hambre, estaba mojado y con frío. El amor que todo puede, por el momento, se me había olvidado.

Crujió una rama a unos pasos y levanté el hacha. Moriría combatiendo.

–¿Víctor?

No me pareció la voz de Irina.

–¡Aquí! –grité.

–Shhhh –una mano húmeda y fría, de dedos flacos, me tapó la boca.

Y el pelo de Ludmila me rozó la cara.

–Ven conmigo –dijo y me arrastró del brazo.

Casi corriendo, a veces reptando y tropezando, llegamos hasta un claro muy pequeño. Entramos a una choza de ramas y tela gruesa. Dos mujeres dor-

---

[48] **relamerse:** lamerse los labios, encontrar gusto en una cosa.   [49] **acechar:** observar cautelosamente, espiar.

mían en el piso y una tercera curaba la mano de Irina.

Ludmila se dirigió primero a Irina:

—¿Estás bien? —luego habló a la mujer:— ¿Podemos usar tu carpa?

—Por supuesto, querida —dijo la mujer.

—Vayan y hablen tranquilos —dijo Irina sin evitar un tonito irónico.

Ludmila me condujo a una carpa vecina. Nos sentamos en el piso, los dos solos, y ella dijo:

—Hola.

—Hola —contesté y me tembló la voz.

Creí que el retumbe[50] de mi corazón se escucharía a un kilómetro a la redonda. Me envolvió un aroma que parecía llegar desde un siglo atrás, de una vieja historia de cabellos perfumados con flores del bosque, de un fuego en extinción, de una última chispa, y del calor de un cuerpo tembloroso y lleno de tibieza. De unos labios que se me ofrecieron y yo rechacé.

Habló Ludmila. Igual que aquella noche, su voz se quebró en la claridad y se estabilizó en la afonía. Terminó en un susurro tan bajo que me costó entender. Cuando se detuvo me miró con ojos francos.

Me sonrió con tristeza.

—Es una historia de amor ruso. ¿Verdad? —dijo.

Recordé los atardeceres rojos sobre el agua que se vuelve hielo, los árboles altos que no se enteran del otoño y mantienen sus hojas verdes hasta que se congelan, el pasto y los arbustos que sonríen como si el verano fuera eterno.

—Sólo los pájaros y yo sabemos.

---

[50] **retumbe:** palpitación fuerte y resonante.

—¿Los pájaros qué? —Ludmila sacudió la cabeza.

—Los pájaros saben que hay que migrar porque viene el invierno. Yo sé que tengo que irme porque estoy de más. Muy poético.

Se mordió el labio.

Luego dijo:

—Quién entiende el alma rusa. No un extranjero.

Me levanté.

—Liuda, lo que yo entiendo es que te gusta sufrir. Lo que me contaste no es una historia de amor ruso, es una tragedia de cualquier nacionalidad. Hay gente que disfruta viviendo trágicamente. Yo prefiero ser feliz.

—O sea, que no estás enamorado de mí.

—No. Aquella noche te dije que mi novia me esperaba en mi país y te rechacé.

—Ajá. Luego te enteraste de que tu novia te abandonó y comenzaste a buscarme. Anduviste detrás de mí por varias ciudades, fuiste a Moscú, a Krasnoyarsk, de vuelta a Moscú, y volviste a Irkutsk. Te detuvieron por sospecha de narcotráfico y te interrogaron durante horas. Creíste que te iban a juzgar y condenar a muerte. Te dijeron que yo estaba mezclada con el tráfico de drogas y sin embargo me seguiste buscando. Si eso no es amor, entonces cómo se llama.

—Se llama tratar de sumarse a la tragedia rusa para aprender mejor el idioma.

La hice reír y, por un instante, pareció alegre. Señaló hacia afuera y dijo:

—Buena chica, Irina. Y muy bonita.

—No es mi chica —aclaré.

—Ya sé, tu chica te espera en Moscú.

—¿De qué estás hablando? No tengo ninguna chica en Moscú —protesté.

Me miró con sus ojos oscuros y grandes. Estaba muy flaca y con ojeras marcadas. Se acercó, me besó en la boca con un movimiento rápido y salió de la carpa.

Entró Irina.

–Vámonos antes de que amanezca –dijo.

Me alcanzó un vasito y bebí el contendido. Era vodka.

Empezaba a amanecer. Antes de internarnos entre los árboles miré hacia atrás. Ludmila, recostada en un árbol, me saludó con la mano.

Cruzamos el bosque húmedo a toda velocidad y llegamos a la ruta antes de que saliera el sol. Nos equivocamos sólo por un kilómetro. Cuando subimos al auto Irina sacó de su cartera un tubito. Se pintó los labios y se arregló el cabello.

–Preparada para el combate nuevamente. ¿Listo para la vuelta? –preguntó y arrancó sin esperar respuesta.

Quince minutos después dije:

–Sí.

–¿Sí qué?

–Que estoy listo para volver.

Ambos nos largamos a reír.

Le pregunté:

–¿Tú le contaste a Liuda sobre mí?

Me miró con curiosidad.

–Si yo no sé nada sobre ti. Te dejé un rato largo en el bosque porque no me fue fácil encontrarla. Y luego me costó convencerla de que hablara contigo.

–¿Entonces quién le contó sobre mi búsqueda?

Sonrió misteriosa.

–No tengo idea. Quizás Ludmila también sea adivina.

–No creo en esas cosas –dije.

–No importa que lo creas. Ahora lo importante es que me pagues el almuerzo y me cuentes la historia completa, desde el principio al fin. Soy muy curiosa.

–Espero que sólo sea curiosidad y que no estés enamorada de mí.

Detuvo el auto frente a un restorán. Levantó la mano y me tocó el pecho, a la altura del corazón.

–A ti te esperan en Moscú, querido.

–¿Cómo sabes?

–Soy adivina.

Entramos al restorán y elegimos una mesa en un rincón. Irina le susurró algo al camarero y en cinco minutos trajeron una vela encendida, champán y caviar.

–¿Quién va a pagar esto? No me queda dinero –dije asustado.

–Pago yo, queridito. La historia que me vas a contar vale la pena.

Comimos, bebimos y reímos. Y le conté toda la historia.

19. *Makiko Kokubum*

A Oleg nunca se lo pudo relacionar con el narcotráfico, pero se comprobó su participación en los robos de suministros destinados a nuestro campamento. Tenía un arreglo con los camioneros por el cual les aceptaba la carga como si estuviera completa. Los camioneros entregaban lo sustraído a un oscuro personaje que, a su vez, lo revendía con apariencia legal a los habitantes de una aldea cercana. Por el «favor» recompensaban a Oleg con dinero.

Corruptos hay grandes y pequeños. Oleg pertenecía a los últimos. Se arrepintió, pidió disculpas y
juró que no lo volvería a hacer más. Se quedó solo,
sin liderazgo, y con una condena por dos años. Los
que lo admiraban le hicieron el vacío. Él robaba al
Estado, y el dinero del Estado es el que aporta el
pueblo. Ludmila fue la única que no lo abandonó.
En realidad nunca dejó de amarlo, aun sabiendo
que el muchacho andaba en negocios sucios. La
única vez que quiso hacerlo fue cuando se sintió des-
preciada y maltratada por un tipo soberbio que se
creía muy importante. Tuvo un momento de debi-
lidad y se fijó en mí. La traté con cortesía y dulzura
y eso le gustó. No creyó que yo tuviera novia. Pensó
que mi rechazo se debió a una especie de fidelidad
masculina que impide robar la novia a un amigo.
Ludmila creía que todos admirábamos a Oleg y que-
ríamos ser sus amigos. El amor es ciego y hace ima-
ginar cualidades que no existen.

–¿Cuándo fue que sentiste su «tibieza»? –preguntó
Irina remarcando la última palabra.

–En el campamento.

–Pero luego te buscó en Moscú. No entiendo ¿No
estaba enamorada de Oleg?

–Creyó que me debía una explicación. Ludmila
tiene una personalidad especial, yo diría que es...–no
encontré la palabra justa.

–¿Apasionada?

Pensé un rato antes de contestar.

–Yo diría que es apasionadamente histérica.

–O histéricamente apasionada –concluyó Irina.

Me acompañó al aeropuerto.

–¿Estás bien? –preguntó.

–Triste y alegre –dije.

–Sé por qué estás triste. No me imagino por qué
estás alegre.

Se me hizo un nudo en la garganta.

–Por haberte conocido.

Se le hizo un nudo en la garganta.

Me tocó la cara con la punta de los dedos. Me
saludó con un gesto y se fue sin decir nada. Desde
lejos vi que se ubicaba en su puesto de ventas.

Caminé hacia el túnel. El avión salía en media
hora y ya estaban abordando.

–¡Argentino!

Me di vuelta.

–¿Te volveré a ver? –gritó.

–Seguro –dije.

Ni ella ni yo lo creímos.

En Moscú me esperaba Makiko.

–¿Marianne no pudo venir? –le pregunté.

–Le pedí especialmente que no viniera –dijo inex-
presiva.

–¿Por qué?

Me pidió que me agachara hasta su altura como
para decirme un secreto.

–Porque te amo –dijo y me dio un beso japonés.

Un beso japonés es un beso como cualquier otro,
pero a mí me gusta pensar que es distinto. Cuando
íbamos muy juntos en el taxi me di cuenta de que
Makiko es la mujer más dulce, inteligente y cariñosa del mundo. Y que está llena de tibiezas.

Le pregunté:

–¿Cuál es tu apellido, Maki?

Está visto que nunca recuerdo los apellidos.

–Kokubum. ¿Por qué lo preguntas?

–Debo saber el apellido de la madre de mis hijos.

20. *Epílogo*

Tenemos dos: un hijo y una hija. Él, Martín, se parece a mí. Ella, María, se parece a Makiko Kokubum, la princesa del imperio del sol naciente.

Vivimos la mayor parte del tiempo en Buenos Aires y viajamos bastante seguido a Sapporo, Japón, de donde Makiko es oriunda.

Cada tanto viajamos a Canadá y visitamos a Marianne. Nos recibe en la casa donde vive con su marido, el hermano de Makiko. O sea, que al fin somos parientes.

De Ludmila sólo sé que es médica y trabaja en el África.

A Rusia vuelvo cada tanto por algún congreso o conferencia. Cuando voy solo siempre me encuentro con Irina «por casualidad». Está casada, vive en Moscú y tiene una hija.

Tomamos algo, nos contamos anécdotas de nuestras vidas y reímos. Es inevitable que al despedirnos me diga:

—Avísame si te divorcias, eh.

Y creo que no bromea.

EJERCICIOS ELABORADOS

Por
Marta Lacorte

A. EJERCICIOS DE COMPRENSIÓN ESCRITA

A1. Reconstrucción. *Señala una única opción que completa el enunciado o que responde a la pregunta.*

El paisaje siberiano impresiona a los estudiantes porque
a) nunca habían visto nada parecido.
b) hay muchos y diferentes animales en el bosque.
a) los bosques son comparables a los de sus ciudades natales.

El objetivo de su estancia en la Taigá es
a) conocer las costumbres rusas.
b) acostumbrarse a diferentes pronunciaciones y modismos.
c) estudiar la variedad de la lengua rusa de esa zona de Siberia.

¿Por qué es difícil excavar en suelo siberiano?
a) la tierra es arcillosa.
b) la tierra es rocosa.
c) hay hielo bajo la tierra.

Después del trabajo llega la calma nocturna y con ella
a) la hoguera y las charlas a su alrededor.
b) los paseos íntimos.
c) las anteriores más la música.

A Víctor lo espera su novia en la Argentina pero
a) se va «de pesca» con los miembros de su brigada.
b) se interesa en otras mujeres de la brigada.
c) le gusta Ludmila pero más que como amiga

La excursión al lago Baikal fue interesante porque
a) Ludmila no fue.
b) el día estuvo frío y lloviznoso y el paisaje estaba precioso.
c) el lugar es inmenso y tiene especies de animales propias.

Cuando terminan la construcción disfrutan más de las noches. Víctor encuentra la oportunidad para hablar con Ludmila y ésta le dice que
a) quiere empezar una relación con Oleg.
b) está deprimida por el comportamiento de Oleg.
c) Oleg dice que está enferma.

Oleg es condenado por
a) tráfico de drogas.
b) robar los suministros.
c) maltratar a Ludmila.

Marianne llama rompecorazones a Víctor a su regreso a Moscú porque
a) sabe de su interés por Ludmila.
b) sabe que Makiko y Ludmila están interesadas en él.
c) ella está enamorada de él.

Después de leer la carta de su novia Marta, Víctor está confuso y triste porque
a) no sabía si él seguía enamorado de Marta.
b) no sabía si estaba enamorado de Ludmila.
c) no sabía si debía ir a visitar a Marianne.

Makiko se emborracha con Marianne porque
a) quiere acompañar a Marianne en un mal momento.
b) está enamorada.
c) le gusta el té con pisco.

Víctor sale para Irkutsk en busca de Ludmila y tropieza con una pareja de rusos dispuesto a ayudarlo pero
a) sólo querían beber.
b) querían abandonarlo con los osos.
c) querían robarle.

Encuentra diez Ludmilas en la lista de la Universidad de Medicina y elige el apellido Basmánova
a) al azar.
b) porque le resultaba familiar.
c) sabía que se llamaba así.

¿A quién teme Valia? ¿Por qué huye de Víctor?
a) tiene miedo de la Seguridad Estatal.
b) es cómplice de Oleg.
c) tres tipos del mercado la seguían.

«A seguro lo llevaron preso» es un refrán que significa:
a) seguro que me meten en la cárcel.
b) los presos están en lugar seguro.
c) nunca se puede estar seguro de nada.

¿De qué acusa a Víctor la policia cuando lo detienen?
a) no tener credencial.
b) no tener pasaporte.
c) no tener visa.

¿Cómo logra Víctor salir de la cárcel?
a) el cónsul argentino le renueva el pasaporte.
b) el cónsul intercede por él.
c) el general quiere evitar un conflicto diplomático y lo deja marchar.

Makiko habla con el padre de Ludmila en Moscú y éste le dice que:
a) Víctor tiene que ir a Irkutsk.
b) Ludmila está de visita en Irkutsk.
c) Ludmila busca a una persona en Irkutsk.

¿En qué consiste el plan de Irina para encontrar a Ludmila en Burdakóvka?
a) conoce bien la zona y puede encontrar a los parientes de los condenados.
b) preguntará a sus parientes en la zona.
c) tiene familiares en la zona que conocen una entrada prohibida.

En su encuentro, Ludmila y Víctor hablan de su aventura como

a) una tragedia rusa de final feliz.
b) una historia de amor ruso.
c) una historia del alma rusa incomprensible para un extranjero.

En el final feliz, Makiko y Víctor forman una familia y

a) Ludmila se casa con Oleg, Marianne con un hermano de Makiko.
b) Marianne vive feliz en Canadá, Ludmila es médica en el África e Irina vive en Moscú.
c) Irina se casa con el hermano de Makiko y la visitan con frecuencia.

A2. Cada cosa en su lugar. *Numera, en orden cronológico, los siguientes enunciados. Cada enunciado corresponde a un episodio de las aventuras de Víctor.*

____ Es detenido e interrogado por horas.

____ Su novia le anuncia que se casa con otro.

____ Empieza la búsqueda de Ludmila.

____ Después de terminar las cabañas, va a Moscú.

____ Rechazó a Ludmila porque Marta lo esperaba en Argentina.

____ Vuelve a Moscú después de conocer a la madre de Ludmila.

____ Vuelve a Irkutsk en el camión de Ígor.

____ Irina lo lleva a Burdakóvka.

____ Va a Krasnoyarsk.

____ Makiko lo espera en el aeropuerto para declararle su amor.

A3. Todo cambia. *Compara el primer párrafo del Cap. 1 con el del Cap. 17. Escribe un párrafo explicando el cambio de actitud de Víctor.*

A4. Afila tu imaginación. *Víctor besa a Ludmila después de su conversación frente a la hoguera. ¿Qué ocurre después? Escribe una historia posible que incluya los mismos personajes.*

B. CUESTIONES LÉXICAS

B1. Algunos modismos con el verbo estar. *Relaciona los elementos de la columna A con la expresión de la columna B.*

A	B
Oleg estaba en todo.	Sobrar, no ser necesario
Irina estaba con el auto.	Es obvio, es un hecho que
Iván estuvo por dejar caer la viga.	Estar conforme, tener las mismas ideas
Víctor sabe que está de más.	Estar atento y controlar todas las cosas
Está visto que Víctor nunca recuerda los apellidos.	Estar a punto de
Víctor estuvo de acuerdo con los planes.	Disponer de vehículo

B2. Algunos americanismos. *Agrupa en pares las palabras que signifiquen lo mismo:*

frazada, piso, bien cuidado, manta, vieja, baúl, ómnibus, auricular, arrancar, suelo, tubo, auto, madre, falda, coche, maletero, prolijo, prender, pollera, autocar.

B3. Formación de palabras. *En el texto aparecen muchos adjetivos en las descripciones de los personajes. Aquí tienes algunos ejemplos:*

importante	imperturbable	dulce	sensata
franca	valiente	rápido	fresca
sociable	buena	alegre	dulce
fanfarrón	fuerte	paciente	inteligente

¿A qué cualidad corresponden? *Aquí tienes algunos sufijos que te pueden ayudar a formar los sustantivos correspondientes.*

- ancia: importante/importancia
- ura: dulce/dulzura
- encia:
- eza:
- ez:
- dad:
- ía:

B4. ¿Cómo son? *Escribe una breve descripción de los siguientes personajes utilizando los adjetivos de la lista anterior y otros que creas necesarios.*

Oleg:
Makiko:
Irina:
Ludmila:
Víctor:

C. EJERCICIOS GRAMATICALES

C1. Usos del pretérito indefinido y el imperfecto. *Escribe el verbo entre paréntesis en la forma verbal adecuada.*

Cuando los estudiantes_____ (llegar) a Siberia, _____ (quedarse) impresionados por el paisaje.

Los árboles _____ (ser) de un verde hiriente y los
trazos de agua _____ (formar) islas desparejas. _____ (empezar) a trabajar en las cabañas
inmediatamente. _____ (repartir) el trabajo entre
hombres y mujeres según la fuerza que _____ (exi-
gir). _____ (terminar) a tiempo y _____
(volver) a sus respectivas ciudades. Víctor _____
(regresar) a Moscú con sus compañeros. _____
(estar) agotados y contentos. Además de practicar el ruso
_____ (ganar) un buen dinero e _____
(hacer) buenos amigos.

C2. Los usos del condicional. *Clasifica los siguientes enuncia-*
dos en tres columnas. Fíjate en el uso que se hace de la forma
condicional del verbo.

acción posterior a otra acción	probabilidad	cortesía
_____	_____	_____
_____	_____	_____
_____	_____	_____
_____	_____	_____
_____	_____	_____

Cuando bajamos ya nos estaban esperando los ómnibus
   que nos llevarían al lugar de trabajo.
Todo se haría con madera, parte de la cual provendría
   de los propios árboles cortados en el lugar.
Me gustaría disfrutar de esta noche en paz.
Al volver, en unos pocos meses, nos casaríamos.
Tendrías que volver.

Pensé que no saldría nunca.

¿Podrías contarme todo mañana?

Recordé los osos del zoológico. ¿Cómo serían los siberianos?

C3. Todo tiene sus consecuencias. *Escribe el intensificador que completa las siguientes oraciones consecutivas (tan, tanto, tantos, tanta, tantas):*

El cuerpo se nos fue llenando _____ de energía que nos llegamos a sentir omnipotentes (págs. 13-14).

Se entusiasmó _____ con su amargura que terminó hablando en francés (pág. 21).

Le causó_____ gracia su propia frase que tuvo que secarse las lágrimas (pág. 54).

Víctor encontró_____ Ludmilas en la lista de la universidad que tuvo que elegir una al azar.

Estaba _____ concentrado en mis tortuosos pensamientos que la voz de Irina me sobresaltó (pág. 58).

Terminó en un susurro _____ bajo que me costó entender (pág. 62).

C4. Usos avanzados de se. *SE puede ser un pronombre como en «Un desconocido SE sentó a mi lado», o una partícula·que señala el encubrimiento de un actor o un quién como en «SE escuchaba una voz masculina». ¿Puedes distinguir los valores gramaticales de SE en los siguientes enunciados?*

Pronombre (PRON)   Partícula (PART)

Valor reflexivo, recíproco (CD o CI)   Pasivas reflejas

Componente de verbo pronominal   Impersonales

(SE integrado en el verbo)

Irina se pintó los labios y se arregló el cabello.

PRON/PART   Función: _____

PRON/PART   Función: _____

La rama se rompió.

PRON/PART   Función: _____

Se comprobó su paricipación en los robos.

PRON/PART   Función: _____

Oleg era un tipo soberbio que se creía muy importante.

PRON/PART   Función: _____

El bosque se despierta con un desperezo brutal.

PRON/PART   Función: _____

Víctor y Marta se escribían.

PRON/PART   Función: _____

Ludmila se había ido a Moscú.

PRON/PART   Función: _____

Se vivía cómodamente en el campamento de Irkutsk.

PRON/PART   Función: _____

En el caso de los pronombres reflexivos, señala su función sintáctica.

D. CUESTIONES DE DISCURSO

D1. Entrelazando. *Une los siguientes segmentos con los nexos que te ofrecemos a continuación. ¡Ojo! Algunos no son apropiados para ninguno de los enunciados:*

ni...ni   cuando   de manera que   en suma   así que
en cuanto   porque   no obstante   de modo que   sin embargo
aunque   a pesar de que   ya...ya

1. Los árboles echan hojas en Siberia _____ llegan los primeros calores.

2. Lo bueno del campamento_____ eran la madera _____las reuniones; era todo eso combinado con nuestra juventud.

3. Oleg _____ resolvía con medidas prácticas, _____ arengaba a los muchachos.

4. Al volver, en unos pocos meses, nos casaríamos. _____ yo había hecho una especie de votos de castidad.

5. _____ Víctor es argentino, Irina insiste en llamarlo argelino.

6. _____ estaban bien equipados, a todos les salieron ampollas en las manos.

7. Éramos más de lo previsto para el asiento corto, _____ su pierna se mantuvo apretada contra la mía todo el tiempo.

8. _____ Víctor volvió a Irkustk a buscar a Ludmila ella se había marchado.

9. No le podía ver la cara, _____ la enfoqué con la linterna.

D2. ¿Quién dijo qué? *Estilo indirecto y los verbos introductorios. Cuenta lo que dijeron estas personas. Elige uno de los verbos entre paréntesis teniendo en cuenta el contexto que te ofrece el relato.*

1. Víctor: «Me espera mi novia en Argentina».

(decir/ agregar/ replicar) _____

_____